LE STRESS AU TRAVAIL

Catalogage avant publication de Bibliothèque et Archives nationales du Québec et Bibliothèque et Archives Canada

Edmond, Abel

    Le stress au travail

    2e édition

    (Collection Psychologie)

    ISBN 978-2-7640-2083-8

    1. Stress dû au travail. 2. Stress dû au travail – Traitement. 3. Gestion du stress – Problèmes et exercices. I. Titre. II. Collection : Collection Psychologie (Éditions Québec-Livres).

HF5548.85.E352 2013   158.7'2   C2013-940144-X

Dépôt légal : 2013
Bibliothèque et Archives nationales du Québec

Pour en savoir davantage sur nos publications,
visitez notre site : **www.quebec-livres.com**

Éditeur : Jacques Simard

Imprimé au Canada

DISTRIBUTEURS EXCLUSIFS :

• Pour le Canada et les États-Unis :
MESSAGERIES ADP*
2315, rue de la Province
Longueuil, Québec J4G 1G4
Tél. : (450) 640-1237
Télécopieur : (450) 674-6237
* une division du Groupe Sogides inc.,
filiale du Groupe Livre Québecor Média inc.

• Pour la France et les autres pays :
INTERFORUM editis
Immeuble Paryseine, 3, Allée de la Seine
94854 Ivry CEDEX
Tél. : 33 (0) 4 49 59 11 56/91
Télécopieur : 33 (0) 1 49 59 11 33

Service commande France Métropolitaine
Tél. : 33 (0) 2 38 32 71 00
Télécopieur : 33 (0) 2 38 32 71 28
Internet : www.interforum.fr

Service commandes Export – DOM-TOM
Télécopieur : 33 (0) 2 38 32 78 86
Internet : www.interforum.fr
Courriel : cdes-export@interforum.fr

• Pour la Suisse :
INTERFORUM editis SUISSE
Case postale 69 – CH 1701 Fribourg
– Suisse
Tél. : 41 (0) 26 460 80 60
Télécopieur : 41 (0) 26 460 80 68
Internet : www.interforumsuisse.ch
Courriel : office@interforumsuisse.ch

Distributeur : OLF S.A.
ZI. 3, Corminboeuf
Case postale 1061 – CH 1701 Fribourg
– Suisse

Commandes : Tél. : 41 (0) 26 467 53 33
Télécopieur : 41 (0) 26 467 54 66
Internet : www.olf.ch
Courriel : information@olf.ch

• Pour la Belgique et le Luxembourg :
INTERFORUM BENELUX S.A.
Fond Jean-Pâques, 6
B-1348 Louvain-La-Neuve
Tél. : 00 32 10 42 03 20
Télécopieur : 00 32 10 41 20 24

Gouvernement du Québec – Programme de crédit d'impôt pour l'édition de livres – Gestion SODEC.

L'Éditeur bénéficie du soutien de la Société de développement des entreprises culturelles du Québec pour son programme d'édition.

Nous reconnaissons l'aide financière du gouvernement du Canada par l'entremise du Fonds du livre du Canada pour nos activités d'édition.

ABEL P. EDMOND

M. A. Ps., Ph. D.

LE
STRESS
AU
TRAVAIL

2e édition

LES ÉDITIONS
Québec-Livres

Une société de Québecor Média

Préface

Après avoir écrit le livre *Travailler sans y laisser sa peau*, j'ai compris qu'il serait utile de proposer à mes lecteurs, désirant entreprendre une démarche d'autothérapie, un guide succinct afin qu'ils puissent efficacement utiliser les informations et les outils déjà consignés dans le manuel.

Ce guide est divisé en 10 sections. Mon expérience lors d'animation de groupes de gestion du stress m'a permis de comprendre qu'il était possible d'atteindre des objectifs thérapeutiques réalistes dans un laps de temps relativement court, en l'occurrence 10 semaines. Je reconnais cependant que certaines personnes peuvent passer à travers ce programme en 10 jours seulement. Peu importe le temps que vous y consacrerez, il s'agira de faire des prises de conscience et de modifier certains modèles de représentation.

Afin de vous rendre la tâche plus facile, outre quelques directives, explications et questionnaires, tout le matériel de base sera puisé dans le manuel *Travailler sans y laisser sa peau*.

Pourquoi une telle démarche d'autothérapie serait-elle utile, alors que les psychologues et les thérapeutes de toutes sortes s'affichent en grand nombre, publient des ouvrages, des méthodes et même des recettes universelles pour soigner la souffrance morale de leurs congénères?

Premièrement, la majorité de ceux qui s'affichent comme thérapeutes se sont autoproclamés «médecins de l'âme» sans avoir la formation, la compétence et encore moins l'accréditation professionnelle nécessaire.

Deuxièmement, l'accès aux thérapeutes compétents et accrédités est souvent difficile, étant donné que les listes d'attente sont longues dans les institutions publiques. Ceux qui choisissent les soins de santé privés sont souvent freinés par les limites de leur police d'assurance. C'est pourquoi un grand nombre de personnes lisent des ouvrages bibliothérapeutiques. Elles vont glaner ici et là des chapitres qui décrivent leur vécu ou le comportement de ceux qui les dérangent. Il n'est pas rare d'entendre tel ou tel client nous dire: «Depuis que j'ai lu ce livre, ma vision a changé concernant tel ou tel aspect de mon humeur et de mes comportements.» Par-dessus tout, j'ai pu constater, au fil des années, à titre d'animateur de groupes de gestion du stress, que la démarche d'autothérapie peut être efficace. Elle peut donner des résultats durables pour ceux qui se donnent la peine d'investir le temps et l'énergie nécessaires afin d'améliorer leur santé émotionnelle.

Remerciements

Je suis très reconnaissant envers tous ceux qui m'ont fait des commentaires après la lecture du livre *Travailler sans y laisser sa peau.*

Ils m'ont donné l'idée de créer cet outil de travail afin que le manuel soit utilisé efficacement.

Les conseils de Mme Nicole Roy, les corrections et les suggestions de Mme Françoise Louis-Morin m'ont grandement facilité la tâche.

Je remercie tout particulièrement ma collaboratrice, Solange Dessureault, et l'équipe du programme de *Bureautique*, option Micro-édition et hypermédia du Cégep de l'Abitibi-Témiscamingue, Campus de Val-d'Or. C'est aux étudiantes de 2e année, du cours de *Production de cahiers de formation* de ce programme que revient le crédit d'avoir rendu mes textes intelligibles et de la mise en page et la conception graphique. L'équipe de Julie Brouillette et d'Anik Côté s'est particulièrement démarquée en répondant aux exigences de l'auteur. Également, je tiens à remercier Mme Carole Bissonnette pour son travail de coordonnatrice et de formatrice dans ce projet.

Avant-propos[1]

Lorsque j'ai commencé à animer les séminaires de gestion du stress, dans le milieu hospitalier, à chaque session le nombre d'inscriptions était supérieur au nombre de places disponibles. Je faisais alors face au difficile dilemme de la sélection. Comment choisir entre ce candidat ou un autre?

Après avoir beaucoup réfléchi sur la psychothérapie, je m'étais forgé une petite phrase clé: «Personne ne guérit quelqu'un d'autre.» Le traitement psychologique n'est qu'une recherche de compréhension et de moyens pour apprendre à mieux gérer sa vie. À ma grande surprise et satisfaction, cette phrase citée en introduction provoquait des réactions et des désistements. Nous étions 16, entassés dans une salle trop petite, et tout à coup nous n'étions plus que 12. En revanche, celles qui choisissaient de poursuivre le cours étaient conscientes qu'elles ne venaient pas chercher une guérison, mais des outils pour mieux se prendre en main.

Cette petite stratégie clinique me permettait de travailler avec des gens motivés, conscients qu'il faut mettre la main à la pâte pour susciter le changement. En même temps, cela me permettait d'avoir un espace plus

---

1. Ce guide est rédigé à la forme masculine afin d'en alléger la lecture.

fonctionnel pour les 12 braves qui acceptaient de poursuivre l'aventure.

Ces prémices sont au centre de la démarche que je vous propose à travers ce guide. Je ne vous suggère pas une vague théorie ni une nouvelle méthode révolutionnaire. Il s'agit simplement d'un outil que j'ai expérimenté pendant plus de 15 ans avec des professionnels, des administrateurs, des commis, des techniciens, des préposés, des manœuvres, etc. Leurs témoignages sont unanimes : «La gestion du stress m'a beaucoup aidé dans mon adaptation personnelle et professionnelle.»

Ce guide en 10 étapes utilise *Travailler sans y laisser sa peau* à titre de référence. Il vous permettra de cheminer à votre rythme. Il est structuré afin de vous permettre de repérer rapidement l'information cherchée, de l'analyser à partir de votre vécu. Quand le tout est bien intégré et que vous identifiez ce qui vous amène à développer des réactions indésirables, des outils cognitifs, psychophysiologiques et psychosociaux sont mis à votre disposition pour enclencher le processus d'autothérapie. L'implication se fera en fonction des besoins de chacun. Pour certains, une simple lecture suffira, mais si vous décidez de suivre à la lettre tous les exercices pratiques et toutes les directives cliniques proposées, le tout sera à portée de la main.

Il ne me reste qu'à vous souhaiter bon boulot parce que je crois fermement que le changement passe par l'implication et l'effort.

QU'EST-CE QUE LE STRESS?

PREMIÈRE SEMAINE

Le stress

Temps suggéré:

➢ *2 heures 30 (réparties sur 5 jours)*

Matériel:

➢ *Livre* Travailler sans y laisser sa peau

➢ *Journal de bord pour consigner ses observations personnelles*

Outil:

➢ *Questionnaire: Holmes & Ray,* Le stress et les événements de la vie

Objectifs:

➢ *Comprendre le phénomène du stress tel que défini par les théoriciens.*

➢ *Identifier les différentes composantes du stress.*

➢ *Faire la différence entre: agent stressant, réaction et adaptation.*

Objectif spécifique:

➢ *Noter vos attentes personnelles concernant la démarche d'autothérapie sur votre feuille de réflexion, à la fin du chapitre.*

Directives

➢ *Pour la partie concernant les définitions du stress, référez-vous aux pages 23 à 31 du livre* Travailler sans y laisser sa peau. *Il est important de bien établir les liens entre les agents stressants, les réactions de votre organisme et l'adaptation qui s'ensuit. Il s'agit d'un préalable afin de compléter le calendrier d'auto-observation qui sera présenté au prochain chapitre.*

➤ *Vous devez avoir en tête quelques exemples pour mieux faire la distinction entre l'agent stressant, la réaction et l'adaptation.*

Vous vous trouvez dans une pièce avec une vingtaine de personnes, c'est l'été, il fait très chaud, le système de climatisation est défectueux, vous êtes incapable d'ouvrir les fenêtres et vous portez des vêtements de travail. Après un certain temps, vous transpirez abondamment, vous ressentez de l'inconfort, voire certains symptômes comme des étourdissements, des maux de tête, de l'anxiété, de la panique, etc. Dans ce cas précis, l'agent stressant est la chaleur. L'une des réactions principales est la transpiration, une réaction automatique qui affectera toutes les personnes présentes. En bout de ligne, certains s'adapteront, ils ôteront leur veste, ils s'éventeront à l'aide d'un dépliant ou tenteront de s'échapper de la pièce en question. Il est important de remarquer que, lorsque l'agent stressant demeure constant et identifiable, les réactions seront variables en fonction de l'expérience, de la personnalité et de l'attitude des individus présents. Cette adaptation dépendra de votre éducation, de vos perceptions, de vos valeurs, de votre vulnérabilité, de votre état de santé physique et psychologique du moment. La température élevée est devenue un agent stressant désagréable et perturbant dans un contexte particulier.

La réaction initiale sera comparable s'il s'agit d'un agent stressant positif. Par exemple, imaginez que vous êtes membre d'un groupe de loto avec des collègues du bureau. Le téléphone sonne à une heure du matin, le soir du tirage, et on vous informe que votre groupe vient de gagner un million de dollars. La réaction physiologique sera semblable à celle que vous auriez si on vous apprenait que l'un de vos proches vient d'être impliqué dans un grave accident. La seule différence, c'est que l'agent stressant positif n'altère pas votre santé. Après votre première réaction d'exaltation, accompagnée de réactions physiologiques, vous vous adapterez très rapidement afin de déterminer comment vous allez dépenser votre argent.

Vous pouvez aussi utiliser l'exemple du virus la grippe comme agent stressant, lequel engendre de la fièvre, de la toux et de la congestion nasale et nécessite une certaine forme d'adaptation, voire le repos et la prise de médicaments. Le retour à l'équilibre se fera graduellement afin de vous permettre de reprendre vos activités.

Mise en garde

Si après avoir complété les différents questionnaires vous constatez que votre niveau symptomatologique est très élevé, en même temps qu'objectivement, vous avez le sentiment d'être envahi par l'anxiété, la dépression ou le stress généralisé, il faut alors consulter les professionnels compétents pour vous aider (pages 49-50 du livre *Travailler sans y laisser sa peau*).

À la fin de cette première semaine, vous devez être en mesure de bien définir le stress en général, de comprendre les bases théoriques de ce phénomène et de commencer à observer la manifestation des agents stressants sur votre propre organisme.

La semaine suivante, il s'agira de déterminer avec précision vos propres agents stressants, la réaction de votre organisme face à ceux-ci et la forme d'adaptation que vous avez utilisée jusqu'à présent. Il est important de ne pas sauter d'étapes. Le temps de réflexion recommandé, les observations au jour le jour, les lectures additionnelles, les questionnements, les interrogations font partie intégrante du processus. Rien ne vous empêche de considérer les agents stressants des personnes qui vous entourent, ainsi que leurs réactions. À ce stade, il n'est pas nécessaire d'apporter un quelconque changement à votre manière de faire. L'objectif est plutôt de s'observer, de se regarder agir et de se préparer à mettre l'accent sur vos propres *patterns* comportementaux à l'aide du calendrier des agents stressants qui sera proposé ultérieurement.

QUESTIONNAIRE DE HOLMES & RAY

Changements de vie et taux de stress

Le Dr Thomas H. Holmes, psychiatre, et ses collègues de la Faculté de médecine de l'Université de Washington ont élaboré une «échelle d'événements de la vie» qui vous permet de mesurer le stress psychologique associé à différents changements au quotidien. L'utilisation de cette échelle a démontré qu'il existe un lien entre l'incidence de changements dans une vie et le déclenchement de maladies (dépression nerveuse, problèmes médicaux mineurs, etc.).

Parmi la liste des événements mentionnés ci-dessous, encerclez ceux qui se sont produits durant les deux dernières années de votre vie. Une fois que vous aurez calculé votre pointage total, consultez le tableau à la fin du questionnaire afin d'interpréter vos résultats.

Valeur pondérée du stress	Événements de la vie
100	Décès du conjoint
73	Divorce
65	Séparation conjugale
63	Peine d'emprisonnement
63	Décès d'un proche parent
53	Maladie ou blessure personnelle
50	Mariage
47	Congédiement

45	Réconciliation conjugale
45	Retraite
44	Changement dans l'état de santé ou dans le comportement d'un membre de la famille
40	Grossesse
39	Difficultés d'ordre sexuel
39	Nouveau membre dans la famille (naissance, adoption, pensionnaire)
39	Rajustement dans son travail, son commerce
38	Changement de situation financière
37	Décès d'un ami proche
36	Changement de métier, de profession
35	Dispute avec son conjoint
31	Hypothèque de plus de 50 000 $
30	Saisie d'une hypothèque ou d'un prêt
29	Changement de responsabilité au travail
29	Départ de son fils ou de sa fille de la maison
29	Problèmes avec sa belle-famille
28	Réalisation majeure sur le plan personnel
26	Début ou arrêt de travail du conjoint
26	Début ou fin d'études
25	Changement dans les conditions de vie
24	Révision de ses habitudes de vie
23	Problèmes avec son patron
20	Changement dans ses conditions ou ses heures de travail
20	Changement de résidence
20	Changement d'école
19	Changement d'activités récréatives
19	Changement dans les pratiques religieuses
18	Changement d'activités sociales
17	Hypothèque de moins de 50 000 $
16	Changement d'habitudes de sommeil
15	Changement dans les habitudes de réunions de famille
15	Changement d'habitudes alimentaires
13	Vacances
12	Le temps des fêtes
11	Infractions mineures à la loi

INTERPRÉTATION DES RÉSULTATS

Si la somme totale de vos points excède 300, vous avez 80 % de chances de devenir malade au cours des deux prochaines années. Votre niveau de tolérance à l'anxiété s'épuise. ATTENTION, le feu est rouge!

Si vos résultats se situent entre 150 et 300 points, vous avez 70 % de chances de devenir malade. PRUDENCE... Le feu est jaune!

Si votre pointage total est de moins de 150, vous n'avez que 37 % de chances d'être malade durant les deux prochaines années. CONTINUEZ... Le feu est vert!

LAMOTT, Kenneth. *Escape From Stress*, Traduit de l'anglais par J. Ménard, New York, G.P. Putnam/Berkley Windhaver ed., 1975, 183 p.

NOTES PERSONNELLES

COMMENT LE STRESS NOUS AFFECTE-T-IL?

DEUXIÈME SEMAINE

Temps suggéré:

➤ 2 heures 30 réparties sur cinq jours

Matériel:

➤ Livre Travailler sans y laisser sa peau

➤ Journal de bord où vous pouvez consigner vos observations personnelles

Outil:

➤ Calendrier d'auto-observation

Objectifs généraux:

➤ Comprendre la manifestation du stress chez différentes
personnes, telle que décrite dans les vignettes.

➤ Comparer vos attitudes et vos comportements à ceux
exprimés dans ces vignettes.

➤ Identifier vos agents stressants et vos réactions indésirables.

➤ Apprendre à utiliser le calendrier d'auto-observation
quotidiennement.

Objectifs spécifiques:

➤ Mettre en application la compréhension du phénomène du stress en matière d'agents stressants, de réactions et d'adaptation.

➤ *Noter votre agent stressant principal sur le calendrier d'auto-observation.*

➤ *Utiliser un calendrier pour chaque agent stressant (il n'est pas recommandé de travailler avec plus de trois agents stressants en même temps).*

MANIFESTATIONS DU STRESS

Lundi 1er février, 8 h

Jean, 50 ans, marié, père de deux enfants âgés de 22 et 18 ans, travaille comme pompier depuis 20 ans. Sa femme est gérante dans un magasin à rayons.

Il rentre à la maison, physiquement épuisé. Il n'a pas fermé l'œil la nuit passée. Vers minuit, son équipe a dû se rendre d'urgence sur les lieux d'un incendie qui s'est déclaré au 3e étage d'une résidence pour personnes âgées.

Sur les lieux du sinistre, c'est lui qui devait diriger l'opération de sauvetage des pensionnaires. Il a donc été tendu toute la nuit. Vers six heures du matin, alors que l'incendie était contrôlé, il s'est rendu compte que la stratégie d'évacuation avait été efficace, car tous les pensionnaires avaient été secourus et dirigés en lieu sûr.

Au fond de lui-même, il s'est senti soulagé. Arrivé à la maison, malgré son épuisement physique, il se prépare une tasse de café qu'il savoure tranquillement en pensant à l'exploit qu'il vient de réaliser avec son équipe. Il se prépare à dormir quelques heures avant de reprendre sa garde en fin d'après-midi.

Lundi 1er février, 8 h

Véronique, 28 ans, séparée depuis deux ans, assume la garde de ses deux enfants âgés de six et quatre ans.

À minuit, hier soir, elle faisait encore la queue à la salle d'urgence de l'hôpital. Sa fillette de quatre ans faisait de la fièvre, refusait de s'alimenter et n'arrêtait pas de pleurer.

Le médecin qui a examiné la fillette n'a pas été en mesure de poser un diagnostic définitif, ce qui conduit Véronique à penser au pire. En attendant la visite du spécialiste, elle s'est fait recommander d'être vigilante et de se représenter à l'urgence si les symptômes persistaient.

De retour à la maison, elle n'a pu dormir que quelques heures ; son sommeil a été perturbé par des cauchemars. Le matin, assise devant sa tasse de café, elle éclate en sanglots. Épuisée par le manque de sommeil, elle se sent seule et craint pour la santé de sa fille.

Lundi 1er février, 8 h

Claude, 32 ans, est infirmier dans un centre d'accueil. Il est marié depuis six ans à une institutrice. Les premières années de vie commune se sont écoulées dans l'harmonie et la bonne entente. Depuis les six derniers mois, Claude travaille de 16 h à minuit pour combler un poste de responsable devenu vacant pendant l'année sabbatique de son titulaire.

En faisant ce remplacement, Claude veut en profiter pour montrer son savoir-faire et, éventuellement, postuler un poste de cadre. Les primes de responsabilité sont bienvenues puisque sa famille est endettée.

Il y a quelques jours, la femme de Claude l'a invité au restaurant pour lui faire part de son insatisfaction. Elle déteste rester seule à la maison le soir. Le message, d'après elle, a déjà été transmis, mais la réponse de son conjoint ne lui convient pas. Elle veut réfléchir parce qu'elle n'est pas certaine de vouloir continuer de vivre en couple avec Claude.

En même temps, elle lui apprend que, depuis deux mois, elle rencontre un autre homme duquel elle croit être amoureuse.

Claude réagit très mal aux déclarations de sa femme. Il devient agressif avec son personnel, il mange peu et mal. Ses ulcères, jadis résorbés, le terrassent de nouveau. Il souffre physiquement et moralement.

Il fait des menaces à l'amant de sa femme. Impuissant face à la situation, il verbalise ses idées suicidaires. Son patron le convoque pour discuter de son comportement au travail.

Le stress de Jean, de Véronique et de Claude

Jean, Véronique et Claude sont aux prises avec des agents stressants. Prenez quelques minutes pour examiner leur nature. Sont-ils liés à la famille, au travail, à la relation de couple, à la maladie, aux problèmes de communication ou à leur imagination trop fertile?

Quels sont les risques à court terme pour les uns et les autres?

_____

_____

_____

_____

_____

Quels sont les risques à long terme?

_____

_____

_____

_____

_____

_____

*Exercent-ils vraiment un contrôle sur ces agents
stressants ?*

_____

_____

_____

_____

Pour mieux identifier vos propres agents stressants et
vos réactions indésirables, référez-vous à l'annexe 4 du
livre *Travailler sans y laisser sa peau*, à la page 167. Après
la lecture de cette section, il se peut fort bien que vous n'ar-
riviez pas à identifier vos propres agents stressants. Ce
n'est pas une raison pour abandonner la démarche puisque
la plupart des gens se sont posé les mêmes questions que
vous lorsqu'ils étaient à la même étape.

Les phases du stress

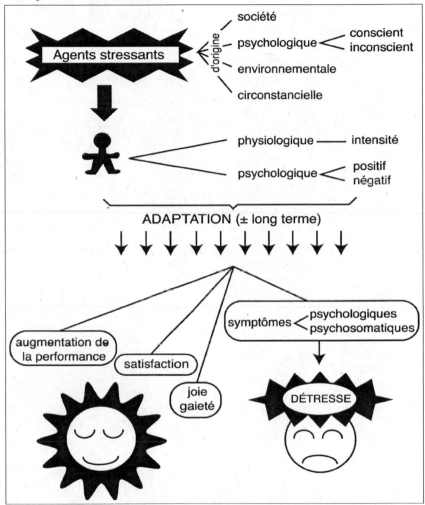

Je cherche, je cherche mais je n'arrive pas à identifier mes agents stressants

Ce n'est pas pour rien que vous n'arrivez pas à identifier les agents stressants de la vie courante.

Premièrement, vous êtes porté à chercher du côté des événements catastrophiques ou traumatisants.

Deuxièmement, il est souvent plus facile d'identifier vos symptômes que leurs causes. Cette tâche est généralement réservée aux professionnels.

Finalement, une fois qu'un agent stressant est identifié, vous vous sentez un peu obligé de corriger la situation, d'où la tentation de ne pas s'aventurer sur ce terrain glissant.

Je vous propose une liste qui, je l'espère, vous facilitera la tâche afin d'identifier vos agents stressants.

Agents stressants familiaux

➤ Partage inéquitable des tâches et des responsabilités

➤ Conflits au sujet de l'éducation des enfants

➤ Problèmes d'horaires (devoirs des enfants, activités, heures de coucher ou de sortie)

➤ Relation difficile avec les enfants

➤ Conflits concernant telle ou telle émission à la télévision

➤ Difficultés dans les relations avec les parents et/ou les beaux-parents

➤ Maladie d'un enfant ou d'un membre du couple

➤ Obligation d'envisager une séparation non désirée

➤ Disputes au sujet de la garde des enfants et des droits de visite

Agents stressants conjugaux

➤ Problèmes de communication

➤ Insatisfaction sur le plan sexuel

➤ Doutes par rapport à l'amour qu'on éprouve pour l'autre et vice-versa

- ➤ Partage inéquitable des tâches et des responsabilités
- ➤ Manque de confiance mutuelle
- ➤ Jalousie
- ➤ Relations extraconjugales avouées et non avouées
- ➤ Manque d'énergie de l'autre
- ➤ Mauvaise humeur et les critiques continuelles de l'autre

Agents stressants professionnels

- ➤ Risque de perdre son emploi
- ➤ Surcharge de travail
- ➤ Difficultés relationnelles avec l'employeur
- ➤ Ambiguïté des rôles (qui fait quoi? quand? et pourquoi?)
- ➤ Difficultés à établir ses limites
- ➤ Impression que son travail n'est pas valorisé
- ➤ Circulation inadéquate des informations
- ➤ Conflit avec les collègues de travail

Agents stressants personnels

- ➤ Image négative de soi
- ➤ Attitudes trop rigides ou trop passives
- ➤ Comportements inappropriés
- ➤ Conflits avec ses valeurs
- ➤ Maladie
- ➤ Handicap
- ➤ Type de personnalité
- ➤ Conflits intrapsychiques (problèmes personnels)

➢ Traumatismes, abus, négligence, violence durant l'enfance

Agents stressants sociaux

➢ Décisions politiques jugées nuisibles

➢ Manque de disponibilité pour ses loisirs, des activités sportives ou culturelles

➢ Relations difficiles avec des institutions (école, hôpital, église, etc.)

➢ Isolement involontaire

➢ Éloignement géographique

➢ Conflits avec des voisins

Agents stressants financiers

➢ Budget mal balancé

➢ Perte d'argent à la Bourse ou dans d'autres transactions

➢ Dettes supérieures à la capacité de rembourser

➢ Appels constants des créanciers

Agents stressants environnementaux

➢ Pollution

➢ Bruit

➢ Climat rigoureux

➢ Logements inadéquats

Agents stressants divers

➢ L'inévitable trafic

➢ L'adaptation à un nouvel environnement

- La dépendance aux drogues, médicaments, alcool et tabac
- Mortalité
- Les difficultés scolaires des enfants
- Les catastrophes naturelles
- Des problèmes avec la justice
- Le vieillissement
- Une peine d'amour
- Un divorce
- Une reconstitution familiale, etc.

Si vos agents stressants se rapportent principalement au travail, vous aurez une panoplie d'exemple dans le manuel *Travailler sans y laisser sa peau*, pages 35 à 37. Si, au contraire, les agents stressants sont plus généraux, vous trouverez également des descriptions aux pages 31 à 35.

À ce stade-ci, vous êtes en mesure d'identifier votre premier agent stressant. N'oubliez pas qu'il est important qu'il soit précis et bien défini dans le lieu et le temps. Plus il est flou et général, moins l'outil d'observation sera efficace. Même si vous éprouvez beaucoup de symptômes se rapportant à votre agent stressant principal, vous noterez celui qui vous cause le plus d'inconvénients. Vous pouvez commencer votre calendrier n'importe quel jour de la semaine, mais il est important d'identifier les journées de fin de semaine, soit samedi et dimanche. Vous comprendrez pourquoi, quand il s'agira de faire des liens entre certains agents stressants et leurs origines. Lire les vertus thérapeutiques de l'auto-observation dans le livre *Travailler sans y laisser sa peau*, page 167.

JOURNAL DES AGENTS STRESSANTS ET DES SYMPTÔMES ASSOCIÉS

Identifier l'agent stressant selon sa fréquence ou son intensité

Description de l'agent stressant : _____

Légende de fréquence et d'intensité pour l'agent stressant identifié	1re semaine							2e semaine							3e semaine							4e semaine						
	1	2	3	4	5	6	7	1	2	3	4	5	6	7	1	2	3	4	5	6	7	1	2	3	4	5	6	7
Rouge : très souvent/très intense																												
Jaune : souvent/intense																												
Bleu : quelquefois/peu intense																												
Vert : pas du tout/pas d'effet																												

Identifier le symptôme selon sa fréquence ou son intensité

Description du symptôme principal associé à l'agent stressant : _____

_____

_____

_____

Légende de fréquence et d'intensité pour le symptôme	1re semaine							2e semaine							3e semaine							4e semaine						
	1	2	3	4	5	6	7	1	2	3	4	5	6	7	1	2	3	4	5	6	7	1	2	3	4	5	6	7
Rouge : très souvent/ très intense																												
Jaune : souvent/intense																												
Bleu : quelquefois/ peu intense																												
Vert : pas du tout/ pas d'effet																												

JOURNAL DES AGENTS STRESSANTS ET DES SYMPTÔMES ASSOCIÉS

Noter les moyens utilisés en réaction aux agents stressants identifiés

	1	2	3	4	5	6	7	1	2	3	4	5	6	7	1	2	3	4	5	6	7	1	2	3	4	5	6	7
Moyens utilisés antérieurement pour gérer l'agent stressant																												
Nouveaux moyens thérapeutiques pour gérer l'agent stressant																												

Réflexions personnelles après quatre semaines d'auto-observation :

JOURNAL DES AGENTS STRESSANTS ET DES SYMPTÔMES ASSOCIÉS

Identifier l'agent stressant selon sa fréquence ou son intensité

Description de l'agent stressant : _____

Légende de fréquence et d'intensité pour l'agent stressant identifié	1re semaine							2e semaine							3e semaine							4e semaine						
	1	2	3	4	5	6	7	1	2	3	4	5	6	7	1	2	3	4	5	6	7	1	2	3	4	5	6	7
Rouge : très souvent/ très intense																												
Jaune : souvent/intense																												
Bleu : quelquefois/ peu intense																												
Vert : pas du tout/ pas d'effet																												

Identifier le symptôme selon sa fréquence ou son intensité

Description du symptôme principal associé à l'agent stressant _____

	1re semaine							2e semaine							3e semaine							4e semaine						
	1	2	3	4	5	6	7	1	2	3	4	5	6	7	1	2	3	4	5	6	7	1	2	3	4	5	6	7

Légende de fréquence et d'intensité pour le symptôme

Rouge : très souvent/très intense

Jaune : souvent/intense

Bleu : quelquefois/peu intense

Vert : pas du tout/pas d'effet

JOURNAL DES AGENTS STRESSANTS ET DES SYMPTÔMES ASSOCIÉS

Noter les moyens utilisés en réaction aux agents stressants identifiés

1	2	3	4	5	6	7	1	2	3	4	5	6	7	1	2	3	4	5	6	7	1	2	3	4	5	6	7

Moyens utilisés antérieurement pour gérer l'agent stressant

Nouveaux moyens thérapeutiques pour gérer l'agent stressant

Réflexions personnelles après quatre semaines d'auto-observation :

JOURNAL DES AGENTS STRESSANTS ET DES SYMPTÔMES ASSOCIÉS

Identifier l'agent stressant selon sa fréquence ou son intensité

Description de l'agent stressant : _____

Légende de fréquence et d'intensité pour l'agent stressant identifié	1re semaine							2e semaine							3e semaine							4e semaine						
	1	2	3	4	5	6	7	1	2	3	4	5	6	7	1	2	3	4	5	6	7	1	2	3	4	5	6	7
Rouge : très souvent/ très intense																												
Jaune : souvent/intense																												
Bleu : quelquefois/ peu intense																												
Vert : pas du tout/ pas d'effet																												

Identifier le symptôme selon sa fréquence ou son intensité

Description du symptôme principal associé à l'agent stressant : _____

_____

_____

_____

_____

Légende de fréquence et d'intensité pour le symptôme	1re semaine							2e semaine							3e semaine							4e semaine						
	1	2	3	4	5	6	7	1	2	3	4	5	6	7	1	2	3	4	5	6	7	1	2	3	4	5	6	7
Rouge : très souvent/très intense																												
Jaune : souvent/intense																												
Bleu : quelquefois/peu intense																												
Vert : pas du tout/pas d'effet																												

JOURNAL DES AGENTS STRESSANTS ET DES SYMPTÔMES ASSOCIÉS

Noter les moyens utilisés en réaction aux agents stressants identifiés

		1	2	3	4	5	6	7	1	2	3	4	5	6	7	1	2	3	4	5	6	7	1	2	3	4	5	6	7

Moyens utilisés antérieurement pour gérer l'agent stressant

Nouveaux moyens thérapeutiques pour gérer l'agent stressant

Réflexions personnelles après quatre semaines d'auto-observation :

NOTES PERSONNELLES

L'ANXIÉTÉ:
UNE MANIFESTATION POSSIBLE DU STRESS

TROISIÈME SEMAINE

L'anxiété

Matériel:

➤ *Magnétophone ou lecteur de CD*

➤ *Cassette ou disque compact de relaxation, voir quelques suggestions en bibliographie*

➤ *Livre* Travailler sans y laisser sa peau

Outil:

➤ *Échelle d'anxiété de Hamilton*

➤ *Définition des troubles anxieux, selon le* DSM-IV

Objectifs généraux:

➤ *Se sensibiliser au phénomène de l'anxiété.*

➤ *Apprendre une méthode de relaxation.*

Objectifs spécifiques:

➤ *Identifier votre forme d'anxiété.*

➤ *Identifier les symptômes associés à l'anxiété.*

➤ *Faire la différence entre la frayeur, la peur, l'inquiétude, l'anxiété et l'angoisse.*

➤ *Être en mesure de distinguer l'anxiété généralisée, l'anxiété d'anticipation, la panique anxieuse, les troubles phobiques, les troubles obsessionnels ainsi que le stress post-traumatique.*

Directives:

➤ *Lecture de la partie du livre traitant de l'anxiété.*

➤ *Commencer à faire des liens entre la compréhension que vous avez maintenant des troubles anxieux, identifier les agents stressants qui les provoquent et les réactions qui en résultent.*

➤ *Commencer à décortiquer ce qui se passe chez vous à l'aide de la première semaine du calendrier d'auto-observation.*

➤ *Pratiquer la relaxation progressive décrite à la page 161 du livre* Travailler sans y laisser sa peau *ou ou à l'aide du CD.*

➤ *Compléter le tableau d'auto-observation, sans oublier d'inscrire chaque séance de relaxation.*

QU'EST-CE QUE L'ANXIÉTÉ ?

Le mot anxiété vient du latin *anxietas*, qui signifie, selon le *Larousse*, «une vive inquiétude née de l'incertitude d'une situation, de l'appréhension d'un événement». Le dictionnaire de psychologie définit l'anxiété comme «une émotion engendrée par l'anticipation d'un danger diffus difficile à prévoir et à contrôler». Elle se transforme en peur face à un danger bien identifié. L'anxiété est accompagnée de modifications physiologiques et hormonales caractéristiques des états d'activation élevée, elle est souvent associée aux comportements de conservation – retrait – ou à des conduites d'évitement.

En tant qu'être humain, nous avons tous déjà connu des symptômes liés à l'anxiété. Il peut s'agir de peur, de frayeur, de souffle coupé, de serrement thoracique ou de la crainte soudaine de perdre la tête. Le *DSM IV* offre une classification exhaustive des différentes formes de troubles anxieux selon leur particularité. En voici un résumé :

Troubles anxieux généralisés (TAG)

La prévalence du TAG est de 5 % et l'on trouve deux fois plus de femmes que d'hommes souffrant de ce trouble.

Il s'agit d'un état d'appréhension continuelle. L'individu ne peut s'empêcher de penser. Il anticipe le pire des scénarios en ce qui concerne sa famille, sa situation financière, sa santé, son travail. Cet état d'attente provoque des symptômes physiques tels que des céphalées, de la

tension musculaire, de la transpiration, des tremblements...
Il peut en résulter de la fatigue, de l'épuisement et, dans
certains cas, des symptômes dépressifs. Le TAG peut se
manifester à différents degrés. Habituellement, il n'empêche pas l'individu de fonctionner au quotidien. Ce trouble
s'installe graduellement, mais les premiers symptômes font
leur apparition durant l'enfance et s'intensifient à l'âge
adulte.

Troubles paniques

Le trouble panique se manifeste de façon inattendue et
génère une crainte chronique qu'une autre crise se pro-
duise. La crise de panique est caractérisée par des symptômes physiques ; palpitations cardiaques, transpiration,
mains moites, sentiment qu'on est sur le point de s'éva-
nouir, peur de mourir. L'attaque peut durer jusqu'à 10 minutes et, dans certains cas, une heure ou plus. L'individu
aux prises avec des accès de panique vit continuellement
dans l'anticipation de perdre le contrôle de manière subite.
Souvent, ces personnes vont se rendre à l'hôpital le plus
proche pour subir des tests parce que les symptômes sont
similaires à ceux des troubles cardiovasculaires. À la
longue, les lieux ou les circonstances où se sont produites
les crises de panique peuvent être redoutés et même fuis
par l'individu, ce qui engendre de l'agoraphobie. En effet,
dans un tiers des cas, les troubles paniques sont accompagnés d'agoraphobie.

Le traitement de ce trouble peut comprendre la phar-
macothérapie ou la psychothérapie. De plus en plus, la
combinaison des deux approches se révèle prometteuse.

Les phobies spécifiques ou les phobies simples

La prévalence des phobies spécifiques est de 10 %. La proportion des femmes souffrant de ce trouble est quatre fois
supérieure à celle des hommes.

La phobie est caractérisée par la peur non justifiée, une crainte irrationnelle d'un objet, d'un lieu ou d'une situation. La personne phobique est consciente du fait que sa peur est irrationnelle, mais elle n'arrive pas à y faire face sans vivre une anxiété intense, voire une attaque de panique.

Prenez l'exemple du transport aérien. Il m'est arrivé de rencontrer des gens d'affaires qui, toute leur vie, ont utilisé l'avion pour se déplacer entre les grandes villes et qui, soudainement, développent une peur maladive d'utiliser ce mode de transport. Cela peut se produire même si cette personne n'a jamais été témoin d'accident aérien. Cependant, la grande majorité des phobies apparaissent durant l'enfance. Il s'agit habituellement de la peur des animaux, des éclairs, des hauteurs, du sang, etc. Certaines phobies se retrouvent en proportion supérieure à la moyenne chez les gens de la même famille.

Il existe des traitements efficaces pour soigner les phobies. Il s'agit de thérapies cognitivo-comportementales et psychopharmacologiques. Les techniques de respiration profonde, de yoga, d'imagerie mentale, de relaxation et même d'hypnose sont souvent utilisées dans le cadre de la désensibilisation systématique. C'est une approche d'exposition graduelle permettant à la personne de diminuer le mécanisme d'évitement par rapport à l'objet ou la situation qui constitue l'objet de la phobie.

La phobie sociale est beaucoup plus répandue qu'on le pense. Sa prévalence est de 8 % avec une proportion de deux femmes pour un homme. Les gens qui en souffrent ont peur d'être ridiculisés, jugés ou diminués dans des contextes sociaux. Les personnes souffrant de phobie sociale ont généralement de la difficulté à parler en public. Elles ont très peu d'amis et doivent souvent utiliser l'alcool ou la drogue pour neutraliser momentanément leurs peurs. Quand elles sont en public, elles ont l'impression que tout le monde les regarde, les juge et interprète leurs comporte-ments. Ces personnes vont même parfois éviter certaines professions pour ne pas avoir à parler en public. Leur han-tise de faire des erreurs et d'être jugé négativement peut devenir envahissante et les obliger à rester en retrait, même si, au fond, elles ne sont pas considérées comme des per-sonnes timides. La phobie sociale débute souvent à l'ado-lescence et parfois pendant l'enfance.

Il y a des traitements efficaces offerts par des profes-sionnels en psychologie clinique et en psychiatrie. Les médecins généralistes prescrivent de plus en plus des médicaments ISRS (antidépresseurs visant à régulariser la concentration de la sérotonine dans les cellules du cer-veau) pour soulager les symptômes et même, dans cer-tains cas, briser les barrières psychologiques érigées au fil des années.

Les troubles obsessionnels compulsifs (TOC)

La prévalence de 2,5 % est identique pour les hommes et les femmes. Le TOC se caractérise par des pensées obsé-dantes et récurrentes. Il comprend un volet obsessionnel caractérisé par des pensées récurrentes ou des images dérangeantes alors que les compulsions sont caractérisées par l'exécution d'un rituel ou d'un geste spécifique pour diminuer ou soulager son anxiété. Les pensées obsédantes peuvent devenir envahissantes et affectent le fonctionne-ment général de la personne.

Par exemple, des individus se mettront à compter les carreaux de céramique du plancher, d'autres fredonneront des refrains à répétition. Certains se laveront les mains une centaine de fois dans la journée ou reviendront à la maison des dizaines de fois afin de vérifier si la porte avant est bien verrouillée. Les personnes souffrant du TOC sont générale-ment conscientes de l'aspect irrationnel de leur comporte-ment, mais ne peuvent pas s'empêcher de recommencer.

Ces troubles apparaissent habituellement à l'adolescence, mais dans bien des cas, ils débutent pendant l'enfance. Dans des cas extrêmes, la vie professionnelle peut en être profondément affectée.

Par contre, afin de gérer les symptômes du TOC, les personnes se tourneront vers l'usage de drogues licites ou illicites afin de soulager leur anxiété. Les séances de psychothérapie à court et moyen termes peuvent être d'une grande utilité. Il y a également des médicaments antidépresseurs qui, avec une posologie élevée, peuvent s'avérer très efficaces pour diminuer les symptômes du TOC.

Le stress post-traumatique

Le trouble de stress post-traumatique a été identifié après qu'on a observé les anciens combattants qui ont eu peur de perdre leur vie ou ont été témoins du décès brutal de leurs compagnons d'armes. Il peut également s'agir d'enlèvements, d'accidents de voiture, de catastrophes naturelles, d'agressions violentes, de torture, etc.

Les personnes ayant vécu de telles expériences peuvent développer des symptômes qui persistent au-delà d'un mois. Les victimes revivront les événements traumatisants sous forme de rêves la nuit ou de *flash-back* durant le jour. Ils peuvent souffrir d'attaques de panique, d'insomnie, d'irritabilité, de dépersonnalisation et de certaines formes de phobies. Les *flash-back* peuvent survenir sous forme d'images, de sons, d'odeurs, de sensations générales. La personne perd alors le contact avec la réalité et elle est brusquement replongée dans la situation traumatisante. Les symptômes ont tendance à être plus sévères et persistants quand le traumatisme est causé par un individu, contrairement à une catastrophe naturelle comme un tremblement de terre ou une inondation. Étant donné que les symptômes peuvent inclure la phobie, la dépression, l'irritabilité et l'insomnie, le traitement médicamenteux ne sera pas spécifique. Souvent, les prescripteurs procéderont par essais et erreurs. En psychothérapie, les aspects de la personnalité et l'expérience antérieure devront être considérés afin de faciliter le traitement.

LE RIRE: UN ANTISTRESS SANS EFFET SECONDAIRE

Vous rappelez-vous la dernière fois que vous avez pris un bébé dans vos bras? En plus de chercher son regard, de le caresser, vous avez certainement essayé de provoquer son sourire. Le rire du bébé est le reflet de son bien-être. S'il était inconfortable, souffrant, il aurait le visage crispé ou il pleurerait sans arrêt.

On peut facilement faire le parallèle avec les personnes adultes. Vous rencontrez quelqu'un au visage tendu, à l'air sévère, aux lèvres pincées, au regard froid, vous vous sentez tout de suite obligé de vous mettre au diapason. C'est d'autant plus pénible si cette personne est votre patron ou l'un de vos collègues. L'humeur massacrante de l'autre peut donc constituer un agent stressant contagieux. Dans les groupes de gestion du stress, lorsque quelqu'un commence à faire des blagues, à rire de lui-même, des autres ou avec les autres, c'est un signe que son état général s'améliore.

Des chercheurs issus de différentes disciplines, dont la neurologie et la psychologie, se sont penchés sur les vertus thérapeutiques du rire. Les résultats sont fort intéressants. Quand vous laissez sortir spontanément un rire, modulé comme une pièce musicale avec des hauts, des bas, des silences et des reprises, vous stimulez, par le fait même, les muscles de votre visage, vos abdominaux et vous provoquez un mouvement dans votre cage thoracique. Votre expiration augmente par rapport à l'inspiration, ce qui produit un relâchement général des muscles du corps. Le cerveau sécrète alors des bêta-endorphines, une hormone agissant contre la douleur, et associée au plaisir. Le corps en sort détendu et le psychisme plus réceptif. On se trouve alors en meilleure disposition intellectuelle et interactionnelle.

Cette aptitude physique innée chez tous les êtres humains a vite été récupérée par différents intervenants qui en ont fait une nouvelle technique, la *gelothéraphie*. Il y a maintenant des milliers de groupes de *gelothéraphie* sur les cinq continents. Ces formations sont offertes aux entreprises, aux ministères, aux écoles et surtout au grand public désireux d'apprendre une méthode de relaxation rapide, accessible et sans effet secondaire.

Plus près de nous, au Québec, les spectacles d'humour ont pris un essor considérable au cours des dernières années. Antérieurement, on misait principalement sur les comédies cinématographiques, mais au fil des ans, les humoristes se sont taillé une place de choix dans le monde du spectacle. Il y a même des programmes télévisuels axés sur le rire sur une base journalière. À Montréal, on peut visiter le Musée Juste pour rire. Que l'on songe aux émissions de caméras cachées, de téléréalité où aux personnes faisant des choses abominables pour gagner de l'argent et divertir l'auditoire... Il y a des livres de toutes sortes et des magazines consacrés à l'humour. Nos amis recueillent tout ce qu'il y a d'hilarant sur Internet afin de nous les faire parvenir au travail ou à la maison. On les imprime pour les partager avec nos collègues.

Pour votre gestion du stress et la prévention de l'épuisement, je vous recommande fortement de faire des lectures additionnelles concernant le phénomène du rire et surtout de commencer à pratiquer votre propre *gelothéraphie*. Au lieu d'avaler une pilule calmante qui vous rend somnolent ou encore de passer une demi-heure allongé pour faire une série d'exercices de relaxation ou de yoga, pourquoi ne pas vous dérider plus souvent, vous esclaffer, vous bidonner, et même, quand l'occasion s'y prête, rire à en pleurer.

Selon certains auteurs, il semble qu'il y a 50 ans, on riait plus de 20 minutes par jour, et maintenant, c'est à peine 5 minutes. Alors, revenez aux vieilles habitudes bénéfiques de nos parents et de nos grands-parents : devenez des adeptes de la *gelothéraphie*, relaxez-vous et faites le plein de plaisir, de bonne humeur et d'interactions agréables avec votre entourage.

Attention ! Il ne faut pas toujours attendre que l'occasion se présente. Vous pouvez être proactif et créer des conditions ou des situations comiques, c'est gratuit et ça fait du bien !

ÉCHELLE D'ANXIÉTÉ DE HAMILTON

Cette échelle, proposée par le docteur Max Hamilton, constitue un outil efficace pour mesurer le degré d'anxiété. Elle a l'avantage d'être descriptive et de tenir compte tant des aspects psychiques que physiologiques. Il s'agit de noter, dans la case correspondant à chaque catégorie de symptôme, un chiffre entre 0 et 4.

Instructions :

Classification clinique : Cette liste de contrôle aide le psychologue à évaluer chaque patient concernant le degré d'anxiété et l'état pathologique. Indiquer le degré approprié d'anxiété

0 aucune
1 bénigne
2 modérée
3 grave
4 grave et très invalidante

Classification clinique :

Anxiété normale	0 à 18	
Anxiété modérée	18 à 28	
Anxiété grave	28 et plus	

Symptômes	Degré	Symptômes	Degré
Humeur anxieuse	Inquiétude, appréhension du pire, vague appréhension, irritabilité.	**Symptômes somatiques (sensoriels)**	*Tinnitus*, vue brouillée, bouffées de chaleur et de froid, sensation de faiblesse, picotements.

Symptômes	Degré	Symptômes	Degré
Tension	Sensation de tension, fragilité ; sursaute et pleure facilement ; tremblement, agitation, incapacité de se détendre.	**Symptômes cardiovascu-laires**	Tachycardie, palpitations, douleur thoracique, battements dans les artères, sensation d'évanouissement et d'arrêt cardiaque.
Peur	Du noir, des inconnus, d'être seul, des animaux, de la circulation routière, des foules.	**Symptômes respiratoires**	Pression ou constriction thoracique, sensation d'étranglement, soupirs, dyspnée.
Insomnie	Difficulté d'endormissement, réveils fréquents, sommeil peu reposant, fatigue au réveil, rêves, cauchemars, terreurs nocturnes.	**Symptômes gastro-intestinaux**	Difficulté de déglutition, flatulence, douleurs abdominales, sensation de brûlure, ballonnement, nausée, vomissements, borborygmes, selles molles, perte pondérale, constipation.

Symptômes	Degré	Symptômes	Degré
Fonction Intellectuelle (cognitive) Difficulté de concentration, troubles de la mémoire.		**Symptômes uro-génitaux** Mictions fréquentes, brusques envies de miction, aménorrhée, ménorragie, apparition de frigidité, éjaculation précoce, perte de la libido, impuissance sexuelle.	
Humeur dépressive Perte d'intérêt, perte de goût pour les passe-temps préférés, dépression, insomnie matinale, brusques changements d'humeur pendant la journée.		**Symptômes du système nerveux autonome** Sécheresse buccale, pâleur, tendance à transpirer, vertige, céphalées de tension, horripilation.	
Symptômes somatiques (musculaires) Douleurs et courbatures, secousses musculaires, raideur, myoclonie, bruxisme, voix changeante, augmentation du tonus musculaire.		**Comportement lors de l'entrevue** Nervosité, agitation, marche de long en large, tremblement des mains, froncement des sourcils, visage tendu, soupirs, respiration accélérée, pâleur, fréquentes déglutitions, éructation, brusques secousses des tendons, pupilles dilatées, exophtalmos.	
		Score total	

NOTES PERSONNELLES

QUAND LA SOUPAPE SAUTE

QUATRIÈME SEMAINE

L'épuisement professionnel

Durée:
➤ *2 heures 30*

Matériel:
➤ *Manuel* Travailler sans y laisser sa peau
➤ *Magnétophone ou lecteur de CD*
➤ *Cassette de relaxation (facultative)*

Outil:
➤ *Questionnaire: Êtes-vous en phase d'épuisement professionnel?*
➤ *Questionnaire: Personnalité type A versus type B*

Objectifs généraux:
➤ *Comprendre le phénomène de l'épuisement professionnel.*
➤ *Déterminer votre niveau de risque.*

Objectifs spécifiques:
➤ *Définition de l'épuisement professionnel.*
➤ *Identification des causes et des conséquences possibles.*
➤ *Acquisition des outils de prévention ou d'intervention.*

Directives:

Avant de commencer votre quatrième semaine, il est important de faire un retour sur le calendrier d'auto-observation afin de prendre conscience de quelle façon certains agents stressants se manifestent, de comprendre la nature des symptômes, de faire des liens entre les agents stressants spécifiques et les réactions indésirables.

➤ *Se faire sa propre idée à propos de l'épuisement professionnel dans le contexte social actuel. S'agit-il d'un privilège réservé à une minorité, d'une conséquence des exigences déraisonnables du patronat ou d'un manque d'organisation personnelle?*

➤ *Avoir une activité égoïste qui sort de notre répertoire habituel. Il s'agit de trouver une activité qu'on a toujours souhaité faire, mais pour laquelle nous n'avons pas pu aller de l'avant parce qu'il nous manquait du temps, de la motivation ou une occasion propice. L'exercice doit se rapporter à notre bien-être personnel, de façon égoïste. Par exemple, prendre une journée pour aller à un salon de massage, faire un voyage pour voir une équipe sportive à l'œuvre, s'acheter des objets personnels, visiter des proches, etc.*

➤ *Nouer ou renouer avec une personne hors de notre quotidien. Par exemple, un ami à l'extérieur avec lequel nous avons perdu contact depuis longtemps. Les échanges réguliers avec une personne de confiance qui ne partage pas notre quotidien peuvent nous aider à voir notre problème sous un jour différent.*

➤ *À partir de la troisième semaine, chaque séance doit se terminer par une période de relaxation. La méthode de relaxation de Jacobson étant maintenant maîtrisée, il y a lieu de voir si on est plus confortable avec la méthode autogène. Chacun choisira ce qui lui convient le mieux.*

➤ *En guise d'outil additionnel, le dernier exercice intitulé* Mon bilan hebdomadaire, *annexe 5, page 172 à 179, du livre* Travailler sans y laisser sa peau, *vous permettra de vérifier le pourcentage de satisfaction. Vous pouvez ainsi le compléter.*

SYNDROME D'ÉPUISEMENT PROFESSIONNEL ET ESTIME DE SOI

Quand on estime quelqu'un ou qu'on apprécie quelque chose, on prend les moyens pour le conserver. En revanche, on ne gaspille pas son énergie à préserver ce qui, à nos yeux, est sans importance.

Dans la dynamique de l'épuisement professionnel, je retrouve souvent des failles liées à l'estime de soi. Pour une raison ou une autre, cette personne, jadis performante à son travail, perd graduellement ses mécanismes de défense, elle n'arrive plus à imposer ses limites, elle devient moins combative et plus résignée. Tout d'un coup, elle devient un être négligeable. Plus besoin de bien s'alimenter, plus de temps pour l'exercice physique, plus question de bons moments avec des amis ou la famille, cela enlèverait du temps consacré au travail. Quant aux périodes de repos ou de vacances, n'en parlons pas. On n'a pas le temps d'aller perdre son temps. En fait, on ne mérite plus d'être bien. Cela ne vaut plus la peine de nous satisfaire.

Pourquoi cette insistance obstinée à fuir le plaisir, à éluder toutes les dispositions équilibrantes qui nous ont déjà aidés à gérer adéquatement notre existence? Serait-on devenu moins important? A-t-on accordé une crédibilité débordante au patron qui a voulu nous accoler une étiquette d'incompétence? Se défoncer au boulot, est-ce notre seul véhicule de valorisation en tant qu'être humain? Bref, avons-nous relégué aux oubliettes notre identité et nos caractéristiques propres? Notre fierté?

Si oui, il est grand temps de réagir. Tout ce que nous vous avons proposé devient ainsi vide de sens pour ceux dont l'estime de soi est à plat.

Alors, je vous propose de réfléchir sur quelques aspects de l'estime de soi.

L'ESTIME DE SOI

L'estime de soi est une facette de notre personnalité qui se façonne au cours de notre développement personnel. Elle résulte d'une combinaison complexe de facteurs familiaux, personnels ainsi que d'expériences vécues. Cette facette est totalement imbriquée à notre manière de penser, à notre attitude et à nos comportements. Quand nous arrivons à harmoniser nos aspirations personnelles, notre système de valeurs et les moyens que nous mettons en branle pour réaliser nos projets et nos rêves, nous pouvons dire, sans trop grand risque de se tromper, que nous avons une bonne estime de soi. Quand, par contre, il se manifeste un déséquilibre entre nos aspirations, nos attitudes et nos comportements, il en découle un sentiment de frustration, de déception et même de dévalorisation de soi.

Vous comprendrez qu'il est insensé de prétendre considérer l'estime de soi comme une entité séparée du reste.

Notre manière de penser, de percevoir les choses, de créer notre propre système de valeurs reflète notre éducation, notre milieu familial et culturel. Afin de déterminer si nous avons de l'estime de soi ou pas, il faut d'abord avoir en main une grille d'évaluation. Cette dernière est basée sur notre perception. Boris Cyrulnik, cet auteur à succès qui fait de nombreuses apparitions à la télévision et dans les autres médias pour parler de la résilience, dans son livre intitulé *Les nourritures affectives*, écrit que nous observons uniquement ce que nous savons percevoir et notre perception est toujours conditionnée par l'appareil que nous utilisons pour observer. Vous me direz que c'est très philosophique, tout cela. Mais au fond, peut-on exiger de nous de parler de ce que nous ignorons? Peut-on juger si oui ou non nous avons atteint tel ou tel objectif si cet objectif n'a pas été préalablement défini? Ce sont ces complicités qui font que l'estime de soi est un sujet très peu développé dans la littérature. On l'associera au développement général de la personnalité, à l'affirmation de soi, à la performance, la réussite, PDG versus journalier, juge versus secrétaire juridique, médecin versus brancardier.

Dans notre pratique clinique, quand un client vient nous dire: «Écoutez, le but de ma rencontre, je le sais, mon objectif, c'est de travailler sur mon estime de moi, de l'améliorer pour avoir un meilleur équilibre dans la vie. Je veux que vous me donniez des trucs et des outils pour atteindre cet objectif le plus rapidement possible.» Cela nous fait sourire chaque fois parce que répondre à une telle exigence est carrément impossible. On ne peut pas séparer l'estime de soi des cognitions (tout le système de raisonnement et de pensée), ni de la somme des expériences accumulées au fil des ans, ni de la grille d'évaluation utilisée par chaque individu pour se coter. On ne peut pas séparer l'estime de soi des comportements d'échec et de réussite dans les différentes sphères de la vie, que ce soit l'apparence physique, la réussite dans sa vie de couple, les succès sur le plan professionnel et l'image que nous projetons de nous-mêmes dans le milieu où nous évoluons.

Très souvent, nous pensons qu'améliorer son estime de soi, c'est changer complètement notre personnalité et réussir, au même titre que notre sœur, notre belle-sœur, notre voisin ou notre collègue de travail. Rien n'est plus faux!

Tout d'abord, le premier pas vers l'amélioration de l'estime de soi, c'est accepter qui nous sommes, avec nos forces et nos faiblesses. Il est impossible qu'un être humain ne possède aucun atout pour favoriser son adaptation et son fonctionnement général. Il faut d'abord prendre le temps de déceler, dans notre système, ce qui fonctionne très bien. Nous pouvons, par exemple, avoir de la difficulté à communiquer avec les hommes, mais en ce qui a trait à la performance professionnelle, nous sommes hors pair. Nous pouvons avoir de la difficulté à exprimer notre amour et notre affection vis-à-vis de nos parents, alors que nous réussissons parfaitement avec nos amis. Nous pouvons avoir de la difficulté à maintenir notre décision de faire des exercices physiques sur une base journalière pour améliorer notre apparence, alors que nous pouvons posséder une discipline mentale extraordinaire pour planifier nos tâches journalières et en tirer une grande satisfaction du travail bien accompli.

Comme vous le voyez, il est impossible de faire table rase quand nous parlons d'améliorer son estime de soi. Il faut d'abord, comme je viens de le mentionner, faire le bilan, observer ce qui fonctionne bien, ce qui fonctionne plus ou moins bien, et ce qui est franchement déficient. C'est dans la reconnaissance de nos points forts et de nos sphères de performance que nous puiserons la motivation pour améliorer nos points faibles. La dépression, par exemple, survient quand nous perdons toute énergie physique et mentale et que, dans notre esprit, nous sommes persuadés qu'il n'y a rien à faire pour redresser le bateau en naufrage. C'est alors que s'installent le découragement, la culpabilisation, l'auto-accusation et même, dans certains cas, des idées d'autodestruction. Les symptômes que je viens de décrire sont incompatibles avec l'énergie bouillonnante, les idées foisonnantes de projets multiples, la passion amoureuse et la reconnaissance de nos valeurs intrinsèques, et surtout les moyens d'actualiser notre potentiel. Je vous propose une petite technique très simple que vous pratiquerez afin de mettre en valeur votre estime de soi, une fois rendu chez vous, dans le silence de votre demeure.

> ➤ *Sur une feuille blanche que vous allez diviser en trois parties verticalement, vous noterez: vos forces psychologiques, sociales et professionnelles.*

> ➤ *Par la suite, vous vous demanderez si vous en étiez conscient et si vous les utilisez à bon escient, dans votre intérêt.*

Le beau temps après la tempête... L'épuisement professionnel comme un mécanisme d'adaptation normal

Le syndrome d'épuisement professionnel est redouté de tous. Le fait de se retrouver dans un creux de vague, incapable d'effectuer une tâche jadis familière, donne un dur coup à l'ego. Qu'on le veuille ou pas, des questions lancinantes risquent d'occuper votre pensée : pourquoi moi ? Pourquoi l'entreprise a-t-elle continué à bien fonctionner malgré mon absence ? Que font les autres pour tenir le coup ? Serais-je la seule personne lucide de l'entreprise ?

Ces réflexions suscitent de l'angoisse et même des remises en question existentielles. C'est là que l'estime de soi peut tomber à plat et que le vide intérieur peut devenir envahissant. Cette même angoisse qui fait très mal aux tripes et qui nous indique parfois le chemin du désespoir peut devenir un catalyseur. Cette crise de lucidité peut nous permettre d'établir un rapport transparent avec notre existence et la réalité de notre environnement.

C'est alors que vous pouvez comprendre que le patron exigeant travaille pour un supérieur, lui-même acculé au pied du mur en raison des comptes à rendre aux actionnaires intraitables. C'est alors que vous admettrez que le collègue compétitif et contrôlant est peut-être un individu emprisonné dans le carcan d'une personnalité rigide, l'empêchant d'apprécier quoi que ce soit dans ce monde. C'est alors que vous réaliserez que vos sens sont désormais mis en alerte et ne peuvent plus prétendre n'avoir rien vu, rien entendu ou rien senti. Le seul choix valable, c'est d'aller de l'avant.

Cette vision réaliste de votre situation dans un monde imparfait peut vous aider à ajuster vos attentes et poser votre problème de façon différente. C'est Einstein qui disait : « Un problème sans solution est un problème mal posé. » Ainsi, certaines formes de révolte de l'âme, de remises en question saines, de tristesse compréhensible et d'insomnie créatrice peuvent sortir des registres de la maladie psychologique et psychiatrique pour s'inscrire dans le registre de la réalité existentielle. Ce cheminement aura pour mérite de donner un sens à votre souffrance et à votre descente aux enfers. De nouveaux mécanismes d'adaptation remplaceront alors les anciens qui reposaient sur des attentes irréalistes. Dans ma pratique, je rencontre de plus en plus de personnes qui osent dire haut et fort : « Jamais je ne me retrouverai dans l'engrenage de l'épuisement professionnel. » Cela ne signifie pas qu'ils sont exempts pour toujours de troubles d'adaptation, mais la décision ferme de mieux gérer leur fonctionnement au travail est le premier pas qui compte. Parfois, je me demande si ces personnes n'ont pas utilisé cette phase comme un tremplin pour sauter plus haut et plus loin.

ÊTES-VOUS ÉPUISÉ SUR LE PLAN PROFESSIONNEL ?

Le questionnaire suivant, traduit et adapté par Abel Edmond, 1989, est tiré de Simendinger et Moore, 1985.

En vous référant aux six derniers mois, notez les changements observés chez vous et dans votre environnement. Allouez 30 secondes par réponse. Votre réponse doit se situer entre 1, qui signifie *non* ou *très peu de changement*, et 5, qui signifie *oui, le changement est considérable*.

Signification des résultats :

➤ *0-25 :*   *Ça va bien pour vous.*

➤ *26-35 :*   *Il y a des choses à surveiller.*

➤ *36-50 :*   *Vous êtes candidat à l'épuisement professionnel.*

➤ *51-65 :*   *Vous êtes en train de vous brûler.*

➤ *Au-dessus de 65 :*   *Zone dangereuse pour votre bien-être physique et psychologique.*

	1	2	3	4	5
1. Vous sentez-vous de plus en plus fatigué, avec une baisse de votre énergie vitale?					
2. Est-ce que cela vous agace quand les gens vous disent : « Vous ne semblez pas très en forme. Qu'est-ce qui se passe?»					
3. Travaillez-vous de plus en plus fort pour obtenir des résultats de moins en moins satisfaisants?					
4. Avez-vous l'impression de devenir cynique ou désenchanté?					
5. Est-ce que vous vous sentez souvent envahi par une tristesse inexplicable?					
6. Vous arrive-t-il d'oublier des choses importantes (des rendez-vous, des échéanciers, des choses personnelles)?					
7. Êtes-vous de plus en plus irritable, déçu des gens qui vous entourent?					
8. Fréquentez-vous de moins en moins vos amis intimes et les membres de votre famille?					
9. Êtes-vous trop occupé pour faire des choses aussi routinières que rendre un appel téléphonique, lire un article ou envoyer des cartes de vœux?					

	1	2	3	4	5
10. Avez-vous des symptômes physiques (douleurs, malaises, céphalées, rhumes à répétition)?					
11. Avez-vous l'impression d'être désorienté (être comme un poisson hors de l'eau) à la fin de votre quart de travail?					
12. Avez-vous l'impression de fuir tout ce qui est associé à la gaieté ou à la joie?					
13. Est-ce qu'il vous est impossible de trouver une blague drôle lorsqu'elle fait allusion à votre personne?					
14. Trouvez-vous que la sexualité devient une obligation davantage qu'un plaisir?					
15. Avez-vous l'impression de n'avoir rien à dire à personne?					
TOTAL					
SOMME:					

De manière approximative, vous pouvez vous situer sur cette échelle de l'épuisement professionnel. Ne vous laissez pas alarmer par un score élevé: prenez-le plutôt comme une mise en garde. Un total élevé signifie que plus vous vous prendrez en main rapidement, meilleures seront vos chances d'éviter l'épuisement professionnel.

Directives

➤ *Faire la lecture des pages 69 à 84, consacrées à l'épuisement professionnel, dans le livre* Travailler sans y laisser sa peau.

➤ *Compléter le questionnaire sur l'épuisement professionnel.*

➤ *Compléter le questionnaire Êtes-vous de type A[1].*

---

1. Extraits du livre *Apprendre à gérer le stress*, 2e édition.

➤ *Lire les pages 85 à 126 dans le livre* Travailler sans y laisser sa peau.

Certaines recherches tendent à démontrer qu'il y a une corrélation entre le type de personnalité et les maladies liées au stress. En complétant le questionnaire suivant, vous serez en mesure de déterminer si vous êtes une personnalité de type A ou B.

Devant chaque énoncé, inscrivez le chiffre qui correspond à votre mode de comportement.

1 Jamais	2 Rarement	3 Quelquefois	4 Fréquemment	5 Toujours
1. Je veux être le meilleur dans tout ce que je fais.				
2. Je suis toujours tendu dans une file d'attente.				
3. Je m'impatiente quand j'attends quelqu'un.				
4. Je sens mon agressivité monter si je suis obligé d'attendre pour un rendez-vous.				
5. J'aime conduire mon auto très rapidement.				
6. Je deviens agressif quand mes coéquipiers sont inefficaces.				
7. Je trouve difficile que quelqu'un d'autre accomplisse une tâche à ma place.				
8. Il me semble que je travaille plus que les autres personnes.				
9. Je deviens irritable quand les autres ne prennent pas leur travail au sérieux.				
10. Je suis toujours déterminé à gagner quand je joue une partie entre amis.				
11. J'aime beaucoup la compétition.				
12. Quand je joue avec un enfant, je ne le laisse pas gagner volontiers.				

1	2	3	4	5
Jamais	Rarement	Quelquefois	Fréquemment	Toujours

13.	Je marche, je bouge, je parle et je mange rapidement.	
14.	Je deviens impatient lorsque les événements arrivent trop lentement.	
15.	Je pense continuellement à mes affaires, à mon travail.	
16.	Je me sens coupable lorsque je me repose.	
17.	J'aime argumenter et défier les gens sur leurs idées.	
18.	Il me semble que je manque toujours de temps.	
19.	Je fais mon travail plus vite et plus efficacement que mes coéquipiers.	
20.	J'aime parler de mes succès.	
21.	Je deviens facilement agressif avec mon conjoint et mes proches.	
22.	Je trouve que je suis inquiet et préoccupé.	
23.	Je parais plus agressif que les autres.	
24.	Je laisse paraître mon agressivité.	
25.	Je trouve que je n'ai jamais assez de temps pour finir mon travail.	
26.	Je suis désemparé quand plusieurs choses arrivent en même temps.	
27.	Je n'aime pas me faire aider.	
28.	Je me fie seulement à moi pour mes travaux.	
29.	Relaxer est une perte de temps.	
30.	Je saute des repas pour travailler.	
31.	Je fais du temps supplémentaire pour impressionner les autres.	
32.	J'essaie de sauver du temps.	
33.	Je perds mon contrôle sous la pression extérieure.	

1	2	3	4	5
Jamais	Rarement	Quelquefois	Fréquemment	Toujours

34.	Je fais des erreurs quand on me demande d'accomplir mon travail le plus rapidement possible.	
	TOTAL :	

Signification des résultats

➤ *Un résultat de 0-34 points : type B*

➤ *Un résultat de 35-68 points : type BA*

➤ *Le résultat moyen se situe à 102 points*

➤ *Un résultat de 103-106 points : type AB*

➤ *Un résultat de 137-170 points : type A*

(Ce questionnaire est tiré d'un document produit par la Commission de la santé et sécurité au travail via la direction de la formation à distance du M.A.Q., 1985).

Le type A affiche les comportements suivants :

➤ *Très ambitieux et veut gagner beaucoup d'argent*

➤ *Très compétitif*

➤ *S'impose toujours des échéanciers très serrés*

➤ *Se sent obligé d'amener du travail à la maison*

➤ *Considère les loisirs comme une perte de temps*

➤ *Très impatient, irritable, fait deux ou trois choses en même temps*

➤ *Veut tout contrôler*

➤ *Serait à risque pour les crises cardiaques*

Le type B affiche les comportements suivants :

➤ *Ne met pas tous ses œufs dans le même panier*

➤ *Est compétent dans son travail*

➤ *Adhère à une compétition saine*

➤ *Ne se laisse pas coincer par le temps, organise son horaire*

➤ *Ne tient pas à gagner absolument*

➤ *Accorde du temps aux loisirs et aux activités sportives*

➤ *Prend du temps pour s'occuper de lui*

Recommandations complémentaires :

➤ *Avoir une discussion avec des personnes de 70 à 90 ans, de 40 à 60 ans, et de 20 à 40 ans, afin de comparer leurs points de vue à propos de l'épuisement professionnel.*

NOTES PERSONNELLES

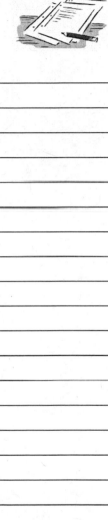

L'INSOMNIE, UN SIGNE AVANT-COUREUR

CINQUIÈME SEMAINE

Stress et sommeil

Durée:
- ➤ *2 heures 30*

Matériel:
- ➤ *Magnétophone ou lecteur de CD*
- ➤ *Cassette ou CD de relaxation*
- ➤ *Manuel* Travailler sans y laisser sa peau

Objectifs généraux:
- ➤ *S'informer sur les mécanismes du sommeil normal.*
- ➤ *Comprendre la physiologie du sommeil.*
- ➤ *Identifier les troubles du sommeil.*

Objectifs spécifiques:
- ➤ *Connaître les différents stades du sommeil.*
- ➤ *Distinguer l'insomnie rebelle et chronique et la difficulté de sommeil passagère.*
- ➤ *Mettre en pratique les mesures et les conseils pour retrouver un sommeil équilibré.*

Directives
- ➤ *Lire la partie concernant le sommeil aux pages 113 à 122 dans* Travailler sans y laisser sa peau.
- ➤ *Se souvenir qu'une bonne nuit de sommeil commence à se préparer dès le matin.*

➢ Se souvenir qu'à moins de problèmes très spécifiques, la prise de médicaments pour dormir ne devrait jamais se faire sur une longue période.

➢ Pour retrouver le sommeil, en plus des approches physiques, de la régularisation d'une hygiène de vie, les techniques présentées comme la résolution de problème, l'imagerie mentale, l'autohypnose, la relaxation progressive et la relaxation autogène sont autant de moyens efficaces pour gérer les troubles du sommeil.

À la fin de la cinquième semaine:

➢ Il est important de faire le bilan en analysant le contenu du calendrier d'auto-observation.

➢ Vous êtes maintenant en mesure de constater si ce sont vraiment les agents stressants identifiés qui provoquent les symptômes associés.

➢ Vous pouvez également constater si le fait de reconnaître un agent stressant comme étant inévitable vous permet de réagir différemment.

Il y a lieu, également, de voir si l'incidence de certains agents stressants se rapporte principalement à des journées spécifiques durant la semaine ou à la présence de tel ou tel individu dans votre environnement. L'analyse approfondie du calendrier d'auto-observation permet de faire des prises de conscience très personnelles qui, par le fait même, débouchent sur une forme de gestion qui n'aurait pu être envisagée antérieurement parce que vous n'aviez pas vraiment une image réelle de votre fonctionnement sur une base journalière. Tout au bas du calendrier d'auto-observation, il y a lieu de vérifier si les moyens habituellement utilisés sont efficaces et non nocifs pour votre santé. Si, par exemple, vous prenez de l'alcool pour vous calmer ou que vous terrorisez les enfants pour les faire obéir, il y a lieu de s'interroger. De plus, vous pouvez aussi constater que le fait de pratiquer la relaxation tous les jours permet d'atténuer les effets négatifs des symptômes associés au stress.

Cette étape de la démarche est primordiale. N'essayez pas de tourner les coins ronds. Maintes fois, revenez à votre calendrier, analysez-le, faites des liens, découvrez des *patterns* et tirez-en des leçons. L'observation minimale doit se faire, rien ne vous empêche de poursuivre jusqu'à ce que vous soyez en mesure d'affirmer : « Je comprends, maintenant, il ne me reste qu'à agir. »

NOTES PERSONNELLES

LE CREUX DE LA VAGUE

SIXIÈME SEMAINE

La dépression

Durée:

➤ 2 heures 30

Matériel:

➤ *Cassette de relaxation*
➤ *Manuel* Travailler sans y laisser sa peau
➤ *Magnétophone ou lecteur de CD*
➤ *Choix de livre ou de documents vidéo traitant de la dépression à la librairie locale*

Outil:

➤ *Je dois versus il faut*

Objectifs généraux:

➤ *Définir la dépression.*
➤ *Connaître les symptômes associés à la dépression.*
➤ *Trouver des moyens efficaces pour faire face à la dépression.*

Objectifs spécifiques:

➤ *Comprendre que la dépression peut se manifester sous différentes formes.*
➤ *Identifier si vous êtes porteur de symptômes dépressifs et, si c'est le cas, être en mesure de les spécifier.*
➤ *Connaître la nature et les rôles des antidépresseurs chimiques.*

➢ Connaître la nature des antidépresseurs psychosociaux.

Directives :

➢ Lire et relire, s'il le faut, le chapitre portant sur la dépression dans Travailler sans y laisser sa peau.

➢ Faire des lectures additionnelles si nécessaire, beaucoup de livres traitent du sujet. Trouver à la bibliothèque ou à la vidéothèque du cégep, de l'université ou de la librairie municipale, des documents vidéo traitant de la dépression ou en commander pour location à l'Office national du film du Canada. Il y a lieu également de se documenter via Internet.

➢ À propos des parties concernant l'efficacité et le fonctionnement des médicaments, on peut obtenir des documents vidéo, souvent gratuits, par le biais des compagnies pharmaceutiques. Les médecins et les pharmaciens ont souvent des exemplaires qu'ils peuvent prêter aux personnes intéressées.

L'important, c'est d'avoir un point de vue nuancé entre l'utilisation exclusive des médicaments pour traiter la dépression, dont l'approche neurobiologique et l'approche globale biopsychosociale.

N'oubliez pas, si plusieurs membres de la famille proche souffrent de dépression, les probabilités que vous soyez vulnérable à cette maladie sont plus grandes. Si, pendant plusieurs semaines consécutives, vous traînez les symptômes dépressifs comme un boulet, le sommeil est perturbé, l'appétit est diminué, les initiatives pour changer les idées négatives sont inefficaces, vous avez perdu le goût de pratiquer différentes activités de la vie, vous n'avez plus d'espoir et vous pensez à la mort, il est important de consulter et d'obtenir le traitement approprié qui, certainement, sera constitué de psychopharmacologie et, espérons-le, de la psychothérapie.

Il ne faut pas négliger de travailler sur les agents stressants psychosociaux qui sont à votre portée.

Quelques petits conseils quand on vit une période dépressive

➢ *Se lever à heures fixes le matin, ne pas traîner au lit ou se recoucher sur le sofa tout de suite après.*

➢ *Dans la douche, on peut simuler un sauna en utilisant l'eau froide pendant quelques minutes et en changeant pour l'eau chaude tout de suite après; c'est comme pour vous réveiller un peu de votre léthargie.*

➤ *Si vous écoutez de la musique, optez, pour un temps, pour de la musique plus entraînante. À la radio, syntonisez les tribunes radiophoniques afin d'entendre différents points de vue. Écoutez les interviews (talk-shows) à la télévision.*

➤ *Quand c'est possible, faire une petite marche autour du pâté de maisons, beau temps mauvais temps.*

Pour se libérer de la culpabilité

Voici un exercice facile à faire : écrire sur une page blanche des phrases commençant par «je dois» et les compléter. Sur une autre page, écrire des phrases débutant par «j'ai le goût de» ou «je veux» et les compléter. À la fin de l'exercice, vérifier si les «je dois» sont nettement plus nombreux que les «je veux» ou «je désire». Si c'est le cas, forcez-vous à augmenter le nombre de phrases commençant par «je désire» et à diminuer celles débutant par «je dois». Et pourquoi ne pas essayer d'en mettre quelques-unes en pratique!

Quand les symptômes dépressifs sont accompagnés d'un vide existentiel, que vous vous demandez qui vous êtes et pourquoi vous vivez, il est important de vous poser la question suivante : «Est-ce que j'aime?», «Est-ce que je me sens aimé?», «Est-ce que j'ai l'impression d'être une personne aimable, et si oui, pourquoi je ne récolte pas les fruits de mon amabilité?» Est-ce une impression biaisée ou est-ce véritablement le cas?

NOTES PERSONNELLES

AGIR POUR NE PAS SUBIR

SEPTIÈME SEMAINE

Le choix d'agir autrement

Durée:

➤ *2 heures 30*

Matériel:

➤ *Le manuel* Travailler sans y laisser sa peau

➤ *Magnétophone ou lecteur de CD*

➤ *Papier et crayon*

Objectif général:

➤ *Comprendre que certains facteurs historiques, expérientiels, contextuels et perceptuels affectent vos attitudes et vos comportements.*

Objectif spécifique:

➤ *Mieux comprendre ce qui vous arrive afin de mieux gérer votre vie.*

Directives:

➤ *Il arrive que certains agents stressants soient tout à fait supportables en temps normal, mais deviennent carrément intolérables parce que vous êtes fatigué, fragile sur le plan des émotions ou malade physiquement.*

Le refoulement d'une émotion à cause d'un tabou culturel ou d'une croyance erronée peut provoquer un état de stress. Par exemple, une personne qui ne peut dire non à un ami, un parent, qui ravale continuellement ses frustrations pour ne pas déplaire, peut couver une dépression qui se manifestera au moment où elle s'y attendra le moins.

L'accumulation de petits agents stressants du quotidien banalisés par l'entourage peut faire des dégâts à long terme. Les troubles psychosomatiques comme les céphalées, les problèmes de peau, l'anxiété, l'insomnie en sont des exemples.

Une jeune personne bien portante, avec un poids idéal, réussissant bien dans son métier, faisant des exercices physiques régulièrement, entretenant des relations agréables avec ses amis, qui est en amour avec un être cher qui l'adore, a beaucoup moins de risque d'être victime du stress qu'un individu narcissique et en instance de divorce après une faillite personnelle.

➤ *Il y a des différences individuelles en raison de la sensibilité du système nerveux autonome.*

➤ *Il y a les facteurs héréditaires.*

➤ *Il y a le répertoire d'apprentissage.*

Les mêmes facteurs stressants produiront des effets psychologiques différents selon la personne et son contexte de vie. Voici quelques-uns des mécanismes de *coping* répertoriés dans la littérature psychologique.

➤ *La capacité que l'on a de prévoir un événement générateur de stress en atténue la gravité. Prévisibilité.*

➤ *Le fait d'exercer un contrôle sur la durée d'un événement générateur de stress en atténue la gravité. Contrôle sur la durée.*

➤ *Un même événement générateur de stress peut être
perçu fort différemment par deux individus, selon l'in-
terprétation qu'ils en font. Évaluation cognitive.*

➤ *La confiance qu'a quelqu'un quant à ses possibilités
d'affronter une situation de stress est un facteur majeur
dans la détermination de sa gravité. Sentiment de compétence.*

➤ *Le soutien et la sollicitude des autres peuvent rendre le
stress plus facile à supporter. Appuis sociaux.*

La notion d'anticipation est cruciale dans la gestion du
stress, elle est illustrée par l'expérience scientifique du
singe administrateur.

Deux singes de laboratoire qui sont du même âge, qui
ont un état de santé équivalent, qui sont du même poids,
sont placés dans deux cages différentes avec un plancher à
grillage métallique. Dans chaque cage, il y a un dispensa-
teur de nourriture au coin droit. Les deux cages sont reliées
par le même circuit électrique. Lorsque le singe B va manger,
il reçoit une décharge électrique chaque fois. Lorsque le
singe B reçoit ce choc électrique, le singe A en reçoit un
instantanément, qu'il soit en train de manger ou pas.

À votre avis, à la fin de l'expérience, qui a duré une
dizaine de jours, lequel des deux animaux sera le plus
affecté sur le plan psychophysiologique?

L'expérience a démontré que le singe A, qui recevait
les décharges électriques sans préavis et en tout temps,
alors qu'il pouvait manger, dormir ou tourner en rond, avait
développé des troubles pouvant affecter grandement sa

santé. Par contre, le singe B, qui pouvait choisir de recevoir un choc quand il avait envie de manger, avait les moyens d'exercer un contrôle sur la fréquence et la durée de ces chocs électriques. L'intervention chirurgicale a permis de constater que le singe B n'avait développé aucune pathologie.

Cette notion d'anticipation est cruciale dans la gestion du stress. C'est la base même du calendrier d'auto-observation qui est proposé dans le livre *Travailler sans y laisser sa peau*. Lire le chapitre «Quoi faire par rapport au *burnout*.»

Pour conclure le travail de cette semaine, la pratique de l'autohypnose décrite à la page 109 du livre *Travailler sans y laisser sa peau* peut être fort utile afin d'imprimer dans votre subconscient des croyances que vous avez choisies plutôt que celles qui vous ont été inculquées au fil des ans et qui, pour le moment, ne font plus votre bonheur.

NOTES PERSONNELLES

S'AFFIRMER SANS DÉTOUR

HUITIÈME SEMAINE

Affirmation et communication

Durée:
- ➤ *2 heures 30*

Matériel:
- ➤ *Livre* Travailler sans y laisser sa peau
- ➤ *Magnétophone ou lecteur de CD*
- ➤ *Papier et crayon*
- ➤ *Tableau tiré de Jean-Marie Boisvert[1], Affirmer et* communiquer, *sur les attitudes, les cognitions et les comportements associés à chaque mode de communication*

Outil:
- ➤ *Exercice de communication affirmative*

Objectif général
- ➤ *Se familiariser avec les différents modes de communication et leurs effets sur vos interactions sociales et votre fonctionnement général.*

Objectifs spécifiques
- ➤ *Se familiariser avec les quatre modes de communication et leurs composantes.*

---

1. Boisvert, Jean-Marie, *Affirmer et communiquer.*

➤ *Trouver lequel de ces modes correspond à votre inter-action habituelle.*

➤ *Amorcer une réflexion personnelle en faisant des liens entre votre mode de communication préférentiel et les conséquences possibles sur votre santé psychologique.*

Directives:

➤ *Définir la communication sous un mode passif.*

➤ *Définir la communication sous un mode affirmatif.*

➤ *Définir la communication sous un mode agressif.*

➤ *Définir la communication sous un mode manipulateur.*

Il est important de se souvenir que la communication est primordiale à la survie de tous les membres de notre société. Elle se fait sous forme verbale et non verbale. La culture influencera la manière dont les personnes communiquent entre elles.

Afin de tester ces notions, faites cette expérience : rapprochez-vous à quelques centimètres de votre interlocuteur et vous observerez comment il réagit alors que vous lui parlez. Vous pouvez également essayer de transmettre des messages non verbaux à quelqu'un en maîtrisant vos mimiques, vos yeux et votre posture.

Certains théoriciens ont fait le lien entre la communication inadéquate et la répression des émotions. En effet, il est démontré que les personnes qui peuvent exprimer honnêtement et sincèrement ce qu'elles pensent et ressentent tout en respectant leur interlocuteur accumulent beaucoup moins de frustration et de culpabilité. Par le fait même, elles maintiennent une humeur beaucoup plus adaptée aux circonstances et aux situations.

La personne agissant selon le mode passif dira «oui» alors qu'elle pense «non». Elle sera portée à s'oublier aux dépens des autres. Elle éprouvera de la difficulté à accepter les compliments, elle s'excusera continuellement et elle acceptera de subir des situations intolérables au lieu de revendiquer ses droits.

La personne adoptant un mode de communication affirmatif exprimera sincèrement et honnêtement ce qu'elle ressent en utilisant le timbre de voix approprié, le *timing* adéquat, la phraséologie correspondant à ses émotions, tout en ne brimant pas les droits de réplique de son interlocuteur. C'est un défi de taille, une leçon d'empathie et de respect mutuel.

La personne utilisant le mode de communication manipulateur jouera continuellement au caméléon. La fin justifiera les moyens. Elle modifiera son attitude et son comportement en fonction de la personne qu'elle veut exploiter ou manipuler. Ce sont habituellement des individus difficiles à saisir. Pour bien comprendre leur mode d'interaction, lire la fable de La Fontaine, *Le corbeau et le renard*. Il y a aussi, depuis quelques années, plusieurs livres sur le marché traitant du sujet.

La personne fonctionnant à l'aide d'un mode de communication agressif est irritable et impatiente, elle est portée à couper la parole à son interlocuteur et n'entend pas vraiment ce qu'on lui dit. Son seul objectif, c'est d'impressionner ou d'écraser son vis-à-vis. Elle peut faire preuve de force physique, de rigueur intellectuelle et de la capacité de persuasion logique, mais son message est rarement bien reçu.

Après avoir analysé en profondeur la grille proposée, il s'agira d'identifier clairement votre mode d'interaction préférentiel. Vous allez peut-être constater que vous reflétez les quatre modes en même temps, donc il n'y a pas moyen de vous en attribuer un en particulier. Si vous demandez à un ami proche ou à un membre de la famille, probablement qu'il sera en mesure de vous aider à faire cette identification. Dans tous les cas, chacun d'entre nous a tendance à utiliser de façon préférentielle l'un ou l'autre de ces modes, même si dans certains contextes, il y a un amalgame. Si vous concluez que votre mode de communication peut influencer votre humeur de façon négative, il faudra alors faire un exercice concret d'affirmation après avoir identifié la personne et choisi un contexte et/ou une situation.

Je vous recommande de débuter avec des situations plutôt simples.

➤ *Ne pas oublier que le moment propice est important.*

➤ *L'utilisation du pronom je est primordiale.*

Soyez attentif à la tonalité de la voix et à la clarté de l'expression des émotions sans oublier de laisser la porte ouverte à l'interlocuteur pour qu'il ne se sente pas écrasé ou coincé. Quiconque se sent écrasé, coincé ou humilié réagira, et parfois de manière violente et virulente. On n'a qu'à penser à notre animal domestique préféré: si, par mégarde, on met notre pied sur sa queue, la réaction sera immédiate et peut-être même violente.

À la fin de la semaine, vous pouvez lire les 10 commandements de l'affirmation de soi. Encore une fois, les exercices d'imagerie mentale et d'autohypnose, ainsi que la répétition de l'exercice d'affirmation dans le réel, sont des outils efficaces pour changer un *pattern* de communication inadéquat en un *pattern* de communication affirmatif.

CARACTÉRISTIQUES NON VERBALES DE QUATRE TYPES DE COMPORTEMENT

	PASSIF	AGRESSIF	MANIPULATEUR	AFFIRMATIF
YEUX	Fuyants, baissés	Perçants, fixes, saillants, sortis	Fuyants ou dominateurs selon les circonstances	Bon contact
POSTURE	Tête basse, dos courbé, épaules tombantes, corps figé, replié sur lui-même	Tête haute, corps droit, poitrine bombée, muscles du cou sortis, frémissements tendus, corps rigide	Affaissée ou imposante, selon les faiblesses de l'autre	Droit, solide sur ses deux pieds, se tient en face de la personne sans raideur
RESPIRATION	Courte, peu intense, retenue	Haletante, rapide, bruyante	Retenue ou rapide selon les circonstances	Varie selon ce que vit la personne
GESTES	Mains qui se tordent, qui cachent la bouche, gestes rares, mouvement de recul, se tient sur un pied et sur l'autre	Doigt pointé, coups de poing, gestes brusques, violents	Gestes affirmatifs, passifs ou agressifs selon les faiblesses de la personne à qui il parle	Détendus mais fermes, gestes qui font ressortir le message
EXPRESSION DU VISAGE	Trop souriante ou trop sérieuse, visage pâle, peu expressif	Visage rouge ou blanc, visage contracté, narines frémissantes, lèvres pincées, lèvres tremblantes	Ne laisse paraître que ce qui peut impressionner	Chaleureuse, souriante ou triste ou fâchée. Elle reflète le sentiment de la personne qui s'affirme
VOIX	Basse, trop douce, pleurnicharde, plaintive, hésitante, grinçante	Élevée, forte, criarde, dure, sarcastique, ton condescendant	Trop basse ou trop forte selon l'impact que le manipulateur veut avoir sur la personne	Assez forte et appropriée au message verbal.

LES DIX COMMANDEMENTS DE L'AFFIRMATION DE SOI

1. Tu as le droit d'exprimer honnêtement ce que tu ressens et d'en assumer les responsabilités.

2. Tu as le droit de faire ce qui te tente sans tout le temps te justifier.

3. Tu as le droit de refuser de porter le poids des problèmes de tout le monde.

4. Tu as le droit de changer d'avis sans te sentir obligé de te justifier.

5. Tu as le droit de faire des erreurs et d'en assumer les conséquences.

6. Tu as le droit de dire «Je ne sais pas...» sans te sentir diminué.

7. Tu as le droit de critiquer une proposition sans te sentir coupable.

8. Tu as le droit de prendre la décision qui te semble la plus appropriée indépendamment de l'avis des autres.

9. Tu as le droit de dire : «Je ne comprends pas, qu'est-ce que tu veux dire par là?»

10. Tu as le droit de dire : «Je n'embarque pas parce que ça ne m'intéresse pas».

TU AS LE DROIT DE DIRE
«NON»
SANS TE SENTIR COUPABLE[1]!

---

1. Traduit et adapté par Abel P. Edmond, 1989, *When I say no I feel guilty*.

EXERCICE DE COMMUNICATION AFFIRMATIVE

Passer à l'action :

1. Nom de l'habileté à pratiquer.

Exemple : comment inviter un collègue à discuter d'une situation irritante au travail.

Les étapes à suivre :

   a) Prévoir une stratégie d'approche.
   b) Élaborer un scénario.
   c) Répéter son scénario jusqu'à ce qu'on le maîtrise bien.
   d) Choisir le bon moment.
   e) Choisir un lieu approprié.
   f) Passer à l'action.

2. Évaluer sa performance en fonction des résultats et de notre propre satisfaction

   a) Décrivez brièvement ce qui s'est passé lors de votre pratique :
   b) Écrivez les étapes d'apprentissages que vous avez effectivement suivies :
   c) Cochez la case qui représente le mieux l'évaluation que vous faites de votre pratique.

   ➢ Excellent ❑   Moyen ❑
     Bon ❑   Faible ❑

d) À votre avis, pour aller plus loin, y a-t-il d'autres occasions où vous devriez mettre cette habileté en pratique?

NOTES PERSONNELLES

DU POURQUOI AU COMMENT

NEUVIÈME SEMAINE

Les techniques de résolution de problèmes

Durée:
➤   *2 heures 30*

Matériel:
➤   *Manuel* Travailler sans y laisser sa peau
➤   *Lecteur de CD ou magnétophone*
➤   *Cassette ou CD de relaxation*
➤   *Papier et crayon*

Objectif général:
➤   *Reconnaître que plusieurs solutions peuvent s'appliquer à un même problème.*

Objectifs spécifiques:
➤   *Maîtriser les cinq étapes de la résolution de problèmes.*
➤   *Appliquer cette technique pour résoudre des problèmes personnels considérés, jusqu'à présent, comme insolubles.*

Directives:
➤   *Plusieurs problèmes demeurent sans solution parce que vous les jugez mal.*

Reconnaître que, si vous ne travaillez pas à trouver une solution, les autres s'en chargeront ou le temps fera son œuvre. Mettre en pratique les cinq étapes de la résolution de problèmes : la définition opérationnelle, le *brainstorming* (remue-méninges), la combinaison et/ou l'élimination des options inappropriées, la sélection de trois options en mettant côte à côte leurs avantages et leurs inconvénients et, finalement, le choix d'une option basée sur l'objectivité et la sensibilité personnelle, ainsi que les moyens de la mettre en application.

À partir des agents stressants que vous avez identifiés la première semaine et de l'analyse que vous avez effectuée en passant en revue votre calendrier d'auto-observation, identifiez un problème de la vie courante qui vous semble insoluble.

Définition opérationnelle du problème. Vous vous rappelez, à la petite école, l'enseignante vous faisait résoudre des petits problèmes de mathématiques. Pour y arriver, elle faisait une mise en scène dans un contexte précis pour vous amener à prendre la décision d'additionner, de soustraire ou de multiplier. Les paramètres du problème doivent donc être très clairs, sinon le problème est impossible à résoudre. Il en va de même pour ceux que vous rencontrez dans la vie de tous les jours. Il vous faut donc : identifier le contexte dans lequel la situation se produit, préciser ce qui vous dérange particulièrement, savoir quelles sont les réactions négatives sur votre pensée et votre physique et admettre que ces réactions sont dérangeantes et inacceptables. Terminez en vous posant la question suivante : que dois-je faire pour me débarrasser de ces nombreuses conséquences négatives qui m'accablent?

En résumé, il faut savoir ce qui est dérangeant, comment cela agit sur votre système et avoir la volonté de sortir de ce *pattern*. Voir la partie traitant de la résolution de problèmes dans le livre *Travailler sans y laisser sa peau*.

Brainstorming. Il est important de ne pas critiquer les multiples solutions au départ. L'important, c'est de les laisser sortir spontanément et de les inscrire sur papier.

Par exemple, une personne qui aurait une peur maladive de sortir de la maison parce qu'elle craint de perdre connaissance dans la rue, pourrait:

➢ *aller rencontrer un médecin et être soumise à des examens médicaux;*

➢ *essayer de se faire hospitaliser à chaque inquiétude majeure;*

➢ *avoir l'avis de trois spécialistes médicaux différents dans trois villes différentes;*

➢ *faire des préarrangements funéraires;*

➢ *mettre son testament à jour;*

➢ *rendre visite aux personnes en phase terminale;*

➢ *commencer à développer sa spiritualité;*

➢ *adopter une approche fataliste, consulter en psychothérapie;*

➢ *faire des exercices régulièrement pour se mettre en forme, etc.*

Une fois que les options sont consignées sur papier, on peut se permettre de les analyser, de les critiquer et d'éliminer les moins appropriées. Prenez trois feuilles. Sur la première, en haut, on inscrit l'option 1 et on la divise en deux parties en inscrivant en haut à droite *Avantages* et en haut à gauche *Inconvénients*. On prend le temps de les énumérer soigneusement. La même procédure s'applique pour les options 2 et 3.

Par la suite, il s'agira de faire son choix en fonction de la somme des avantages et des inconvénients. Il ne faut jamais oublier d'y mettre votre petite touche personnelle. Une option peut bien paraître sur papier, mais il est important de voir si, selon vos préférences, votre sensibilité et votre expérience de vie, vous êtes plus confortable avec l'une ou l'autre de ces options.

Quand une option est choisie, cela ne signifie pas que vous avez tous les outils pour la mettre en application. Il se peut fort bien que vous ayez à consulter, discuter avec des gens qui ont déjà vécu une situation similaire, lire, réfléchir et élaborer des stratégies. La seule différence, c'est que vous n'êtes plus obsédé par le problème original, mais plutôt concentré sur les moyens à utiliser pour appliquer une solution.

Il s'agit là d'une approche dynamique basée sur l'action. Elle a l'avantage d'être systémique et efficace. Pour consolider cet exercice, il y a moyen de l'associer à l'autohypnose ou à l'imagerie mentale. Voir le manuel *Travailler sans y laisser sa peau*, page 109.

NOTES PERSONNELLES

MIEUX SE CONNAÎTRE
POUR MIEUX VIVRE AVEC LES AUTRES

DIXIÈME SEMAINE

Mon équilibre biopsychosocial

Durée:
- ➤ *2 heures 30*

Matériel:
- ➤ *Manuel* Travailler sans y laisser sa peau
- ➤ *Le schéma de la pyramide de Maslow*

Objectif général:
- ➤ *Prendre conscience de l'équilibre global de la personne basé sur des paramètres de santé physique, émotionnelle et sociale.*

Objectifs spécifiques:
- ➤ *Faire le bilan de votre gestion de soi.*
- ➤ *Faire le bilan de votre mode de gestion du stress.*
- ➤ *Faire le bilan de votre vision philosophique de la vie.*
- ➤ *Faire le bilan de votre degré de réalisation de soi.*
- ➤ *Faire le bilan de votre spiritualité.*
- ➤ *Faire le bilan de votre degré de bien-être général.*

Éléments de réflexion
- ➤ *La définition de la santé selon l'Organisation mondiale de la santé définit la santé comme étant: «L'intégration des aspects somatiques, affectifs, intellectuels et sociaux [...] réalisée selon des modalités épanouissantes*

qui valorisent la personnalité, la communication et l'amour. »

➤ *Il est important de comprendre que le fait de ne pas être malade ne signifie pas être en santé.*

➤ *La santé physique sera entretenue par une alimentation saine, des exercices réguliers et une bonne hygiène de vie.*

➤ *La santé psychologique sera entretenue par une bonne gestion du stress, une bonne gestion des émotions et une harmonisation adéquate avec votre milieu de vie.*

➤ *La santé sociale visera votre interaction avec les autres et votre intégration dans votre environnement familial et professionnel.*

Les psychologues humanistes ne définissent pas la santé mentale par l'absence de symptômes ou de problèmes. Au contraire, les périodes dépressives sont considérées comme normales dans la vie d'un individu, au même titre que les périodes de grandes joies. C'est la manière de comprendre et d'interpréter ces fluctuations de l'humeur qui leur attribuera une connotation normale ou pathologique. En effet, des périodes d'angoisse peuvent être une occasion pour faire des prises de conscience et pour s'engager dans un processus de développement ou d'épanouissement. Dans cette optique, il est donc préférable de parler d'une saine gestion de sa santé émotionnelle plutôt que d'une guérison définitive de la dépression. Pour approfondir cette notion, la lecture des auteurs comme Carl Rogers et Abraham Maslow, dont la pyramide est présentée ici, est fortement recommandée.

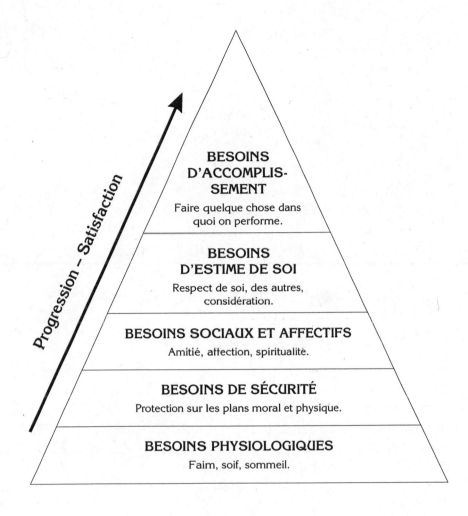

Progression – Satisfaction

BESOINS D'ACCOMPLIS-SEMENT
Faire quelque chose dans quoi on performe.

BESOINS D'ESTIME DE SOI
Respect de soi, des autres, considération.

BESOINS SOCIAUX ET AFFECTIFS
Amitié, affection, spiritualité.

BESOINS DE SÉCURITÉ
Protection sur les plans moral et physique.

BESOINS PHYSIOLOGIQUES
Faim, soif, sommeil.

Conclusion

En guise de conclusion, lors d'une thérapie, il m'arrive souvent de poser cette question: «Avec les moyens dont vous disposez, est-ce que vous avez fait de votre mieux dans les circonstances?» Quand la réponse est positive, le niveau de stress, d'anxiété et de culpabilité est, par le fait même, considérablement diminué.

Pour terminer, la dernière grille qui s'intitule «Mon bilan hebdomadaire» à l'annexe 5 du livre *Travailler sans y laisser sa peau* est un outil qui, selon moi, peut être utilisé tout au cours des années à venir afin de vous permettre d'établir votre bilan hebdomadaire et d'ajuster votre tir pour les semaines suivantes.

En ce qui concerne le stress en général, on peut retrouver, dans le manuel *Travailler sans y laisser sa peau* (pages 39 à 54), des dispositions que l'on peut mettre en pratique immédiatement à moyen et à long termes. Vous pouvez consigner par écrit votre plan d'action personnel pour les prochains jours, les semaines et les mois à venir.

Il ne me reste donc qu'à vous souhaiter une bonne et une saine gestion du stress dans votre vie personnelle et professionnelle, tout en sachant que les agents stressants seront toujours présents sur votre chemin. C'est uniquement la manière de les gérer qui fera la différence sur votre santé physique et psychologique.

Bibliographie

American Psychiatric Association. *Mini-DSM-IV, Critères diagnostiques*, Washington DC, 1994, Traduction française par J.-D. Guelfi et Al, Paris, Masson, 1996.

BOISVERT, Jean-Marie, BEAUDRY, M. *S'affirmer et communiquer*, Montréal, Éditions de l'Homme – CIM, 1979.

CYRULNIK, Boris. *Les nourritures affectives*, Paris, Odile Jacob, 1993.

EDMOND, Abel. *Travailler sans y laisser sa peau*, Les Éditions Quebecor, Montréal, 2003.

EDMOND, Abel. *Apprendre à gérer le stress*, Val-d'Or, Distribution S.C.S.P. inc.

HOLMES, Thomas H., psychiatre. *Échelle d'événements de la vie*.

JACOBSON, E. *Savoir relaxer pour combattre le stress*, Montréal, Éditions de l'Homme. La méthode de relaxation de Jacobson, 1980.

LAZARUS, R.S. *Psychological Stress and the coping Process*, N.Y., Mc Graw Hill, 1966.

MORIN, Hervé. *Rapport de stage au Service de consultation en santé mentale du Centre hospitalier de Val-d'Or*, 1999.

Organisation mondiale de la santé (OMS), *Communiqué OSM/42*, 28 septembre 2001.

Questionnaire êtes-vous de type «A». (Ce questionnaire est issu d'un document produit par la Commission de la santé et sécurité au travail via la direction de la formation à distance du M.A.Q., 1985).

SCHULTZ, J.H. *Le training autogène*, Paris, P.U.F, 1977.

SELYE, Hans. *Stress without distress*, Philadelphia Lippincott, 1974.

SELYE, Hans. *Le stress de la vie*, Paris, Gallimard, 1956.

Disques compacts

Apprendre à gérer le stress par la relaxation progressive et autogène, [Enregistrement audio], EDMOND P. Abel, Val-d'Or, Distribution SCSP inc., Disque compact, 1992.

Techniques de relaxation II, [enregistrement audio], SABOURIN, Michel, Montréal, BMG, Disque compact, 2001.

Test

HAMILTON, Max. Hamilton Rating Scale for Anxiety. (HAMA) ECDEU version, 1976. La présente version est utilisée dans un but éducatif.

Table des matières

MARQUIS

Québec, Canada

RECYCLÉ
Papier fait à partir
de matériaux recyclés
FSC® C103567

Imprimé sur du papier Enviro 100% postconsommation
traité sans chlore, accrédité ÉcoLogo et fait à partir de biogaz.